李怀源　曹佳丽　主编

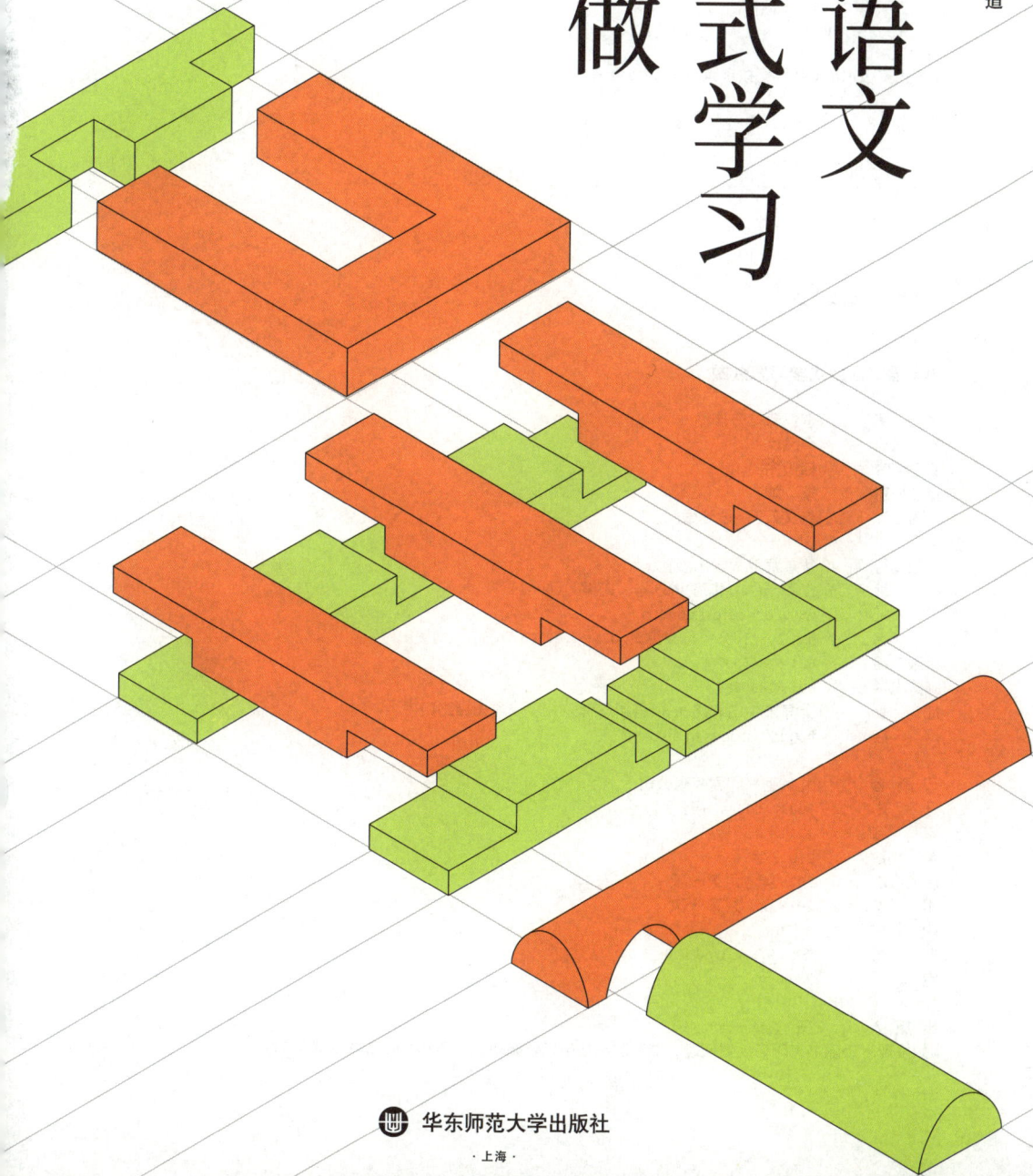

小学语文
项目式学习
怎么做

大夏

大夏书系—语文之道

华东师范大学出版社

·上海·

图书在版编目（CIP）数据

小学语文项目式学习怎么做 / 李怀源，曹佳丽主编.
—上海：华东师范大学出版社，2025. — ISBN 978-7-5760-6208-3

I. G623.202

中国国家版本馆 CIP 数据核字第 2025GV3742 号

大夏书系 | 语文之道

小学语文项目式学习怎么做

主　　编　　李怀源　曹佳丽
策划编辑　　卢风保
责任编辑　　韩贝多
责任校对　　杨　坤
封面设计　　奇文云海·设计顾问

出版发行　　华东师范大学出版社
社　　址　　上海市中山北路 3663 号　邮编　200062
网　　址　　www.ecnupress.com.cn
电　　话　　021-60821666　行政传真　021-62572105
客服电话　　021-62865537
邮购电话　　021-62869887
地　　址　　上海市中山北路 3663 号华东师范大学校内先锋路口
网　　店　　http://hdsdcbs.tmall.com/

印　刷　者　　北京密兴印刷有限公司
开　　本　　700×1000　16 开
印　　张　　17
字　　数　　260 千字
版　　次　　2025 年 7 月第一版
印　　次　　2025 年 7 月第一次
印　　数　　4 100
书　　号　　ISBN 978-7-5760-6208-3
定　　价　　78.00 元

出 版 人　　王　焰
（如发现本版图书有印订质量问题，请寄回本社市场部调换或电话 021-62865537 联系）

目 录

基于**整本书**项目式学习教学设计

基于**跨学科**项目式学习教学设计

一、项目式学习的定义及特征

项目式学习（Project-based learning）亦可称为"项目化学习""基于项目的学习"，目前学界对项目式学习的概念和内涵并没有明确的统一标准。巴克教育研究所将其定义为："学生通过一段时间的研究调查，能对某一具有真实性、吸引力且结构复杂的问题、课题或挑战作出反应，从而获得对关键知识与技能的把握，以此提高批判性思维、问题解决、协作和自我管理等方面的能力。"[①]马卡姆认为项目式学习是学生围绕某一主题，在教师的引导下针对某一具体任务展开的长期、开放性探索学习过程。[②]刘景福、钟志贤将项目式学习界定为以某一学科的概念和原理为中心，以制作作品为目的，借助相关资源解决现实生活中一系列复杂问题的新型学习模式。[③]徐朔则认为项目式学习是一种在实践中引导学生学习的教学方法，其目的主要是培养学生自主学习、团队合作的相关意识及解决问题的能力。[④]

可以看出，目前国内外学者关于项目式学习的定义主要分为两种：一种是

[①] 巴克教育研究所.项目学习教师指南——21世纪的中学教学法［M］.任伟，译.北京：教育科学出版社，2008：4.

[②] Markham T., Larmer J., Ravitz J. *Project Based Learning Handbook：A Guide to Standards-Focused Project Based Learning for Middle and High School Teachers*［M］. Novato, California：Buck Institute for Education，2003.

[③] 刘景福，钟志贤.基于项目的学习（PBL）模式研究［J］.外国教育研究，2002（11）：18–22.

[④] 徐朔.项目教学法的内涵、教育追求和教学特征［J］.职业技术教育，2008（28）：5–7.

将其看作以学生为中心的学习方式；另一种是将其看作一种教学模式，即引导学生从真实世界中的基本问题入手，围绕复杂、真实的主题，开展开放性探究活动，完成作品创作及成果交流等学习任务，最终实现知识建构与能力提升。但无论是哪一个角度，项目式学习都具备以学科知识为基础，通过设置具体的项目任务，引导学生不断探究与学习，在解决问题的过程中提升学科素养，最后呈现出相关作品作为学习结果的特点。

夏雪梅研究小组将项目式学习分为微学科项目式学习、学科项目式学习、跨学科项目式学习以及超学科项目式学习四种类型。在当前一线教学中，运用较为广泛的主要为学科项目式学习与跨学科项目式学习两类，本书选取的教学案例也由这两类构成。所谓学科项目式学习，是指基于学科自身特性，综合运用其他学科知识来推动该学科的教与学；所谓跨学科项目式学习，是指以某一主题作为中心点融合相关学科知识，以此来完成系列主题活动。但无论是哪一种类型的项目式学习，其意图指向的都是促进学生语文核心素养的提升，并落实到学生语言文字的运用上。

本书旨在为一线教师的教学提供一些方向上的引导，故所强调的项目式学习侧重的是教师的教学设计。因此，本书中提到的项目式学习可以理解为一种教与学的建构模式——既强调学生的主动参与和知识经验的整合，也强调教师的教学设计与教学引导，以期能为一线教师的教学设计提供思路上的指引。

二、项目式学习的价值与意义

《义务教育语文课程标准（2022年版）》指出，语文教学要指向学生核心素养的培养，而核心素养的养成则需要学生在一系列积极的语文实践活动中建构起自身的语言文字运用能力与问题解决能力。以学科活动为实施载体、以可见的作品作为学习成果、以提升学生的合作能力和创造能力为教学目标的项目式学习极大地契合这一要求。因此，从教学目标上看，项目式学习与语文教学要求基本保持一致，它作为一种教学方法，能够极大地契合语文学科特性，同时指向学生核心素养，帮助学生探索语言文字的丰富内涵，提升审美与创造能力。

当前语文教学的研究重点已经从"教什么""怎么教"转向关注"如何更好

地教"，而项目式学习的出现能极大地解决语文教学内容零散化的问题。语文学科作为其他学科的基础，所涵盖的知识范围较为宽广，大多数教师在教学中力图做到面面俱到，这就容易走向知识零散化的歧路，不利于学生从整体上看待事物，也不利于学生建立系统化的知识结构。项目式学习强调以促进学生学科思维的发展与学科概念性理解为目标，关注的是知识背后的学科思维，指向知识运用的能力。因此，使用项目式学习的教学方式能更加有利于促进学生对语文知识的深度理解，帮助他们更好地在复杂情境中迁移运用所学知识解决现实问题。

除此之外，项目式学习还有助于解决学生在语文学习过程中动手探究的积极性不足及教学评价维度较单一等问题。项目式学习是围绕学科某一驱动性问题开展合作探究的学习活动，在此过程中极大地调动学生学习语文的兴趣，让学生亲历完整的探究历程，并在此过程中培养起语言运用、思维能力与审美创造等核心素养，为后续的学习奠定坚实基础。另外，语文学习的过程具有较强的主观性，教学评价也多是教师主观判断学生的学习效果，缺乏客观性与科学性。《义务教育课程方案（2022年版）》强调，教师要更新教育评价观念，创新评价方式方法，落实表现性评价。[①] 关于落实表现性评价，张华指出，要创设促进学生核心素养发展的真实任务情境，在此过程中关注学生解决问题的思维过程，最后借助学生的学习成果如研究报告、作品、实物等完成评价，[②] 这与项目式学习强调的评价要求一致。将项目式学习引入语文教学评价中，有利于教师优化教学设计评价机制，更好地实现促进学生语文核心素养发展的目标。

三、本书选取的案例构成

为帮助教师深入理解项目式学习的内涵、实施方式及价值意义，助力项目式学习在一线语文教学中落实，本书中所呈现的相关案例主要分为两类：一类

---

① 中华人民共和国教育部. 义务教育课程方案（2022年版）[S]. 北京：北京师范大学出版社，2022：14-15.
② 张华. 让学生创造着长大——2022年版义务教育课程方案和课程标准核心理念解析 [M]. 北京：教育科学出版社，2022：181.

是从当前语文教材中的教学内容入手，提取合适的学习主题，设计相关学习活动；一类是基于学生的现实生活，选择有意义的学习主题，合力协助学生解决现实难题，引导学生在解决问题的过程中实现思维与能力的提升。无论是哪一类教学案例，在教学过程中都强调教师要为学生营造真实情境，提出驱动性问题，合理利用语文学科知识与跨学科思维能力，通过合作、探究等方式解决问题并形成可供展示与评价的作品。

基于教材的项目式学习案例又可以细分为立足于单篇课文、整个单元、整本书三类。基于现实生活的跨学科项目式学习案例同样可以细分为立足解决校园生活问题、家庭生活问题、社会生活问题三类。可以看出，本书呈现的案例涵盖面较为宽广，基本满足一线教学需求，并真正做到了基于学生现实生活开展教学设计，同时在教学设计中能看到借助不同学科思维指导的痕迹，具有较强的典型价值。

项目式学习是当前一线教学中的热点与难点，本书在阐释相关概念及特征的基础上，选取已在教学中经过实践检验的案例进行展示，作为回应理念的强有力证据，帮助教师在教学中就"是什么"到"为什么"再到"怎么做"建立完整的认知框架，为后续的教学设计提供思路上的引导与启发。在使用本书时，教师可以根据自身的教学需求及本班学生的具体情况作出适当调整。对于初次开展项目式学习的教师，建议可以参考基于教材的项目式学习案例，这对教师熟悉教材、解读文本、设计教学活动都有一定的帮助；对于教学经验较为丰富的教师，建议可以参考基于现实生活的项目式学习案例，拓宽学生语文学习的范围，真正带领学生运用所学的语文知识解决其在现实生活中遇到的结构不良问题，完成由"所学"到"所用"的转变。

总而言之，每个教学案例都有自己适用的范围与领域，教师在利用本书时要结合自身教学的实际情况进行调整。当然，由于编写时间较为紧迫，这些案例可能还存在一些不太完善的地方且辐射面有限，恳请广大读者及专家批评指正。

编　者

2025 年 3 月 25 日

基于单篇课文

项目式学习教学设计

课例 1

化身魔法师探究自然奥秘

——《要下雨了》教学设计

一、项目简介

此项目适用于一年级学生。教育游戏设计是一种有效的教学手段，通过游戏的形式，可以激发学生的学习兴趣，增加他们对语文知识的理解和掌握。

项目开展的基础：统编版语文教材一年级下册第 13 课《要下雨了》是一篇生动有趣的科学童话故事。课文通过小白兔与小燕子、小鱼和蚂蚁的对话，介绍了燕子低飞、小鱼游出水面、蚂蚁搬东西这三种预示下雨的现象，使学生知道通过观察大自然也能预测天气变化。

主要任务：了解如何通过观察云朵、天空、气温等因素来判断天气，并完成"我的魔法手账"的制作。

相关活动安排：我是兔子魔法师—探秘大自然的魔法—制作"我的魔法手账"。

可见的项目产品（成果）："我的魔法手账"制作。

二、项目情境任务

小学一年级的孩子，正处于对大自然好奇和积极探索的阶段。大自然是一个神奇而又美丽的世界，它拥有无数的奇妙之处，让人们不断发出惊叹。

学生以魔法师的身份，探究大自然的奥秘。阅读课文，学生了解了燕子低飞、小鱼游出水面、蚂蚁搬东西这三种预示下雨的现象，学会通过观察大自然预测天气变化。

从课文出发，由课内向课外延伸，完成"我的魔法手账"的制作，了解什么是天气；识别几种基本天气现象（如晴天、多云、雨天、阴天等），了解如何通过观察云朵、天空、气温等因素来判断天气，并能在手账中记录自己走进自然的过程。

三、学习目标

核心目标	成果表现	素养表现	评价指标	
			能力层级	具体描述
识别几种基本天气现象（如晴天、多云、雨天、阴天等），了解通过云朵、天空、气温等因素来判断天气。	完成"我的魔法手账"制作并进行展览。	1. 识字与写字	知道	
			理解	
			做到	
		2. 阅读与鉴赏	知道	能在对话中直接提取信息，知道下雨前燕子低飞捉虫、小鱼游出水面、蚂蚁搬东西这些自然现象及其形成的原因。
			理解	理解小动物们的行为变化和天气变化之间的关系，从而感受大自然的奇妙。
			做到	识别几种基本天气现象（如晴天、多云、雨天、阴天等），了解如何通过观察云朵、天空、气温等因素来判断天气。
		3. 梳理与探究	知道	能通过圈画、朗读、摘录等方式知道下雨前燕子低飞捉虫、小鱼游出水面、蚂蚁搬东西这些自然现象及其形成的原因。
			理解	能通过联系上下文、生活、想象等理解自然现象及其形成的原因。
			做到	能根据需求进行摘录，在手账中记录自己走进自然的过程。

核心目标	成果表现	素养表现	评价指标	
			能力层级	具体描述
		4.表达与交流	知道	能乐于分享自己发现的自然现象及其形成的原因。
			理解	能留心观察生活，发现自然现象及其形成的原因。
			做到	能在手账中记录自己走进自然的过程。

四、项目评价

（一）成果评价

超出成功标准	满足成功标准	接近成功标准	远未达到成功标准
符合所有成功标准，并能主动将自己的手账介绍给老师、同学和家人。	1.在对话中直接提取信息，了解课文中出现的自然现象及其形成的原因。 2.能够通过搜集资料识别几种基本天气现象（如晴天、多云、雨天、阴天等）。 3.了解如何通过观察云朵、天空、气温等因素来判断天气。 4.制作属于自己的手账，记录所学、所思、所想。 5.图文并茂，给手账配上插图或贴画。 6.能用简单的语言表达自己揭示自然奥秘后的感受并将其记录在手账上。	至少满足成功标准中的4条。	满足成功标准中的1~3条。

（二）能力评价

超出成功标准	满足成功标准	接近成功标准	远未达到成功标准
符合所有成功标准，并能主动将自己的手账介绍给老师、同学和家人。	1.搜集资料的能力：信息的搜集可以通过多种渠道进行，如图书馆、互联网、电视等。 2.提取信息的能力：在搜集信息的过程中，学生需要学会记录并提取有用的信息。可以使用笔记本、便笺纸或电子设备等工具，将重要的信息和想法记录下来。 3.动手制作的能力：手账本中除抄写或粘贴文字外，还可以自己绘图或制作贴画，充分发挥想象力和创造力。	至少满足成功标准中的4条。	满足成功标准中的1~3条。

五、项目实施

（一）提出问题

通过对《要下雨了》一课的学习，我们知道了小燕子为什么要低飞才能捉到虫子，小鱼为什么游出水面，蚂蚁为什么忙着搬东西……我们一起解答了这些疑问，探究了大自然的奥秘。

在生活中，我们还能通过哪些自然现象来判断天气的变化呢？

（二）项目准备

1.教具准备：三种颜色的魔法小纸条，如下图所示。

2.资料准备：几种基本天气现象（如晴天、多云、雨天、阴天等）的图片；自主运用多种形式搜集资料。

3.行动准备：挑选手账本，记录搜集的信息，为手账本绘图或贴画，简单写一写自己的感受。

（三）总体安排

总任务：制作属于自己的手账（记录所学、所思、所想）。

具体分为三个子任务：

子任务一：我是兔子魔法师。

子任务二：探秘大自然的魔法。

子任务三：制作"我的魔法手账"。

（四）具体过程

子任务一：我是兔子魔法师

学习活动一：燕子低飞

【活动时间】语文课。

【活动地点】教室。

【活动安排】学习《要下雨了》第2、3自然段。

【活动过程】学生开展"我是兔子魔法师"游戏，一边玩一边探究小燕子低飞捉虫的原因。学生手中会有三种不同颜色的小纸条，根据小燕子的话，能完成绿色小纸条的获得一级魔法师称号，完成黄色小纸条的获得二级魔法师称号，完成红色小纸条的获得三级魔法师称号。了解了游戏规则后，学生开始尝试说一说，给 1 分钟时间。

1. 教师组织一级魔法师举起绿色魔法小纸条，引导学生观察"潮湿"这个词语，并谈谈自己的发现。

2. 教师结合课文语境，讲解"潮湿"的意思：空气中有很多水分，就是潮湿。

3. 教师组织二级魔法师举起黄色魔法小纸条，请同学们交流自己的想法。接着，组织三级魔法师举起红色魔法小纸条。

教师总结：通过"我是兔子魔法师"游戏，我们知道小燕子低飞捉虫的原因有这么多。通过游戏你会发现，运用"因为……所以……"这样的关联词语说句子，就能把一句话说得更加清晰、完整。

教师带领学生探究小燕子低飞捉虫的原因，帮助学生回答得清晰、完整。

学习活动二：小鱼游出水面

【活动时间】语文课。

【活动地点】教室。

【活动安排】学习《要下雨了》第 5、6 自然段。

【活动过程】教师提问：是要下雨了吗？小兔子有些疑惑，它来到池边。学生同桌两人合作学习第 5、6 自然段，思考小鱼为什么游出水面。

1. 请一个小组到前面进行表演。

2. 教师提问：小白兔们，你们还想问小鱼什么呢？

3. 理解"闷"。

（1）教师引导学生关注小鱼在水里闷得很，让学生想一想"闷得很"是什么感觉。

（2）让学生联系生活实际，分享在什么情况下自己会感到"闷得很"，将这种感觉用自己的话形容一下。

（3）带着学生看"闷"这个字，从而加深学生对小鱼游出水面的原因的理解。

学习活动三：蚂蚁搬家

【活动时间】语文课。

【活动地点】教室。

【活动安排】学习《要下雨了》第 7、8、9 自然段。

【活动过程】教师过渡：听了小鱼的温馨提示，小白兔连忙往家跑。小白兔看见路边有一大群蚂蚁，就把要下雨的消息告诉了蚂蚁。

1. 引导学生关注蚂蚁的语言。

2. 学生通过提取课文中的信息，思考蚂蚁下雨前在做什么，接着通过视频资料理解下雨前蚂蚁搬东西的原因。

3. 学完课文，让学生再整读一遍课文，思考有什么发现。引导学生关注，课文中小动物们的活动就预示着天气的变化。

4. 拓展：在生活中还能通过哪些自然现象来判断天气的变化呢？

子任务二：探秘大自然的魔法

学习活动一：天气现象我了解

【活动时间】科学课。

【活动地点】教室。

【活动安排】识别几种基本天气现象（如晴天、多云、雨天、阴天等）。

【活动过程】观看视频识别几种基本天气现象，通过看图片找对应词语，给词语找对应图片的游戏形式，让学生明确词语的意思，了解有哪些天气现象。

学习活动二：天气知识我搜集

【活动时间】阅读课、周末。

【活动地点】学校图书馆、家中。

【活动安排】了解如何通过观察云朵、天空、气温等因素来判断天气。

【活动过程】通过到图书馆借阅相关书籍，在家中用电脑搜集资料，观看相关自然科普类节目，了解云朵、天空、气温的不同变化，以及会形成怎样的天气现象。

1. 以云为例出示儿歌。

天上钩钩云，地上雨淋淋。

天有城堡云，地上雷雨临。

天上扫帚云，三天雨降临。

早晨棉絮云，午后必雨淋。

同学们，读读儿歌，你有什么发现？

2. 观察不同形状的云。

课前，很多同学搜集了有关云的图片，大家一起来看看这些图片，你有什么发现？

是呀，这些云的形状各不相同。我们来仔细观察云的形状，你又有什么发现？

总结：我们可以通过观察云的不同形状，得出一些关于天气的线索。例如，阴沉的、浓密的、高耸的乌云通常预示着暴雨或雷暴天气，蓬松、羽毛状、鱼鳞状的白云则意味着晴朗的天气。

3. 分析不同颜色的云。

我们来看看不同颜色的云，你又有什么发现？

总结：一般而言，灰暗或暗蓝色的云可能是下雨天的征兆，金黄色或红色的云则可能预示日落或日出时的美丽景色。古人说"朝霞不出门，晚霞行千里"，意思是如果有红红的朝霞，那么今天可能会下雨；如果有美丽的晚霞，就放心出门，因为会晴空万里。

4. 观察不同高度、方向的云。

观察云的高度、方向也可知晓天气信息。课前有同学针对云的高度、方向进行了调研分析，谁来分享？

总结：积云多在天气稳定时出现，但如果积云底部逐渐变厚或变暗，则可能会下雨；出现高云如卷云、卷积云等，可能是快速移动的天气系统的标志。"云朝西披蓑衣，云朝南雨成团，云朝北雨没得，云朝东雨落空。"说的就是通过云的运动方向来判断天气。

5. 教师总结：了解完云的相关知识，我们可以开始制作手账了。你可以只记录不同的云预示何种天气现象，也可以记录风、小动物的行为、植物的变化等预示何种天气现象。

子任务三：制作"我的魔法手账"

【活动时间】语文课、周末。

【活动地点】教室、家中。

【活动安排】制作手账。

【活动过程】可以每人制作一本手账，也可以组建小组合力制作一本手账。

学生可以选一个角度如"云"来制作手账，也可以自由选择多角度进行制作。

1. 自然奥秘我记录。

课前，我们通过在图书馆借阅相关书籍，在家中用电脑搜集资料，观看自然科普类节目，了解了云朵、天空、气温的不同变化会导致形成怎样的天气现象。在了解了这些基本科学知识后，提取出自己觉得重要的信息，制作属于自己的手账。

2. 魔法图画我来绘。

图文并茂，给手账配上插图或贴画。

3. 多彩心情我会写。

大家可以用简单的语言表达自己揭示奥秘后的感受并将其记录在手账上。

六、项目成效

手账是指用于记事的本子。根据个人喜好，我们可以在里面贴上好看的贴纸、图片等，满足记日记、笔记等各种功能，但比日记更灵活精致，比笔记更详细实用，做起来也极考验耐心。学生制作"我的魔法手账"旨在记录搜集到的天气变化的知识，通过长期观察完善手账，最终形成个性化的成果。

手账制作活动具有非常重要的意义和作用。此类活动能够促进学生多种能力的发展，教师应该把这项活动融入日常教育教学活动中。自然界中有太多的奥秘等待我们去探索，手账制作活动可以让学生记录下这些美好的时刻，并且在创作的过程中培养他们的艺术表现力和想象力。在活动中，学生可以自由地选择材料和颜色，发挥自己的创意想象，制作属于自己的独特作品。这不仅是一种艺术创作，更是一种情感表达。

通过此项目，我们可以看到学生在手账制作活动中得到了很多锻炼和提升。他们不仅锻炼了动手能力和想象力，还培养了自主学习和合作的能力。通过展示和分享，他们学会了如何欣赏和尊重他人的创意，拓宽了自己的视野，提高了社会交往与情感交流的能力。

七、项目反思

在搜集资料过程中有一些困难：第一，学生往往无法判断需要搜集哪些资料，也不知如何取舍搜集到的资料。第二，由于学生年龄小，能力有限，对于电脑、书本等信息工具的运用不是很熟悉，因此根据教学需要，教师要在课前明确准备要求，为学生指明具体路径，让他们明确调查目标，清楚调查过程，掌握调查方法，有目的地去搜集资料。

1. 对搜集的信息进行深度加工。学生搜集完资料后，能够有效提取信息，筛选出自己需要的内容，但是在明确选取信息后没有对信息进行二次加工，导致与项目学习的适切性不够，今后教师需要多多引导学生。

2. 交流时学会倾听。在学生交流资料、发表观点见解时，教师要引导学生认真倾听别人的发言，并将之与自己搜集到的信息进行对比，适时地补充或质疑，鼓励不同角度的思维碰撞。教师还要有意识地引导学生说明自己搜集到的信息的来源，展示自己整理信息的方法，以及利用信息佐证自己观点的全过程，让学生相互启发，取长补短，生生互评，生生互促。

北京市朝阳区芳草地国际学校远洋小学　杨晓涵

为"校园之春"义卖活动设计海报
——《找春天》教学设计

一、项目简介

此项目适用于二年级学生，以统编版语文教材二年级下册第一单元课文《找春天》为基础开展。学生在此项目中的主要任务是为"春天在哪里"的校园实践活动设计"校园之春"义卖活动海报，涵盖两个子任务：子任务一为"寻校园春日美景，写芳春美言美语"，子任务二为"设计主题字'春'，书写美丽的春"。最终呈现项目成果——"校园之春"义卖活动海报。

二、项目情境任务

"南园春半踏青时，风和闻马嘶。青梅如豆柳如眉，日长蝴蝶飞。"春天来了！下周，年级将开展"春天在哪里"主题实践活动。在活动中，我们要化身小小设计师，负责设计"校园之春"义卖活动的海报。

三、学习目标

核心目标	成果表现	素养表现	评价指标	
			能力层级	具体描述
能够用自己积累的语言说一说春天的事物或发生在春天的事情,用朗读、仿写等多种方式表达自己对春天的喜爱之情。	完成"校园之春"海报设计并进行展览。	1. 识字与写字	知道	能在情境中认识不同字体的"春",了解"春"字的字形。
			理解	能在情境中掌握"春"字的构字规律。
			做到	能根据情境,在"校园之春"海报中书写设计"春"字。
		2. 阅读与鉴赏	知道	在情境中,能够正确、流利、有感情地朗读课文,初步了解课文。
			理解	能根据情境,从春天的特点及孩子们找春天的动作中体会其趣和春天的美。
			做到	能根据情境,从春天的特点及孩子们找春天的动作中体会春天的美并通过重音表达出来。
		3. 梳理与探究	知道	了解课文内容,能说出孩子们找到的春天是什么样的。
			理解	能圈画、朗读出孩子们找春天的动作和体现春天特点的相关语句,体会找的乐趣和春天的美。
			做到	能用积累的语言材料,结合生活实际,仿照例句写一写自己在春天的校园里的发现和感受。
		4. 表达与交流	知道	在情境中,能乐于分享自己春天在校园中的见闻和感受。
			理解	能根据情境要求,留心观察校园的春天,从不同方面发现校园春天的特别之处。
			做到	在情境中,能用积累的语言材料,结合生活实际,说一说自己在春天的校园里的发现和感受,体会春天的美好,用自己喜欢的方式表达对春天的喜爱。

四、项目评价

评价项目	超出成功标准	满足成功标准	接近成功标准	远未达到成功标准
寻校园春日美景，写芳春美言美语。	符合所有成功标准，并满足以下两点： 1.语言优美生动，富有感染力。 2.书写规范、端正、美观。	1.写出校园春天的景物。 2.写出景物的特点，比喻恰当。 3.用上"那是春天的……吧？"句式。	1.写出校园春天的景物。 2.写出景物的特点，但没有用上修辞手法。 3.没有用上"那是春天的……吧？"句式。	1.未能写出校园春天的景物。 2.对景物特点的描述不清晰。 3.没有用上修辞手法和句式。
设计主题字"春"，书写美丽的春。	符合所有成功标准，并满足以下两点： 1.富有创造力和美感。 2.页面整洁美观。	1."春"字的字体结构合理，有辨识度。 2.能够体现春天的特色。	1."春"字的字体结构基本合理。 2.春天的特色体现不明显。	1.设计的字体与"春"字无关。 2.页面杂乱，不整洁。

五、项目实施

（一）提出问题

如何通过多感官观察和艺术表达，设计一份既能展现校园春日独特美景，又能吸引师生参与义卖活动的创意海报呢？

（二）项目准备

1.资料准备：学生搜集有关描写春天的词语、诗句。设计制作"汉字魔方"学习单，搜集各种制作素材，准备制作材料如彩纸、剪刀、胶水、画笔等。

2.行动准备：向二年级全体师生介绍项目背景、目标和实施流程，鼓励学生组成团队或以个人形式参与；提前布置好教室，邀请相关老师担任活动评委，布置展览场地，确保活动顺利进行。学生在校园中观察春天，利用拍照、画图等多种方式记录校园春天的景物和特点。

（三）总体安排

总任务：下周年级将开展"春天在哪里"主题实践活动。在活动中，我们要化身为小小设计师，负责设计"校园之春"义卖活动的海报。

具体分为两个子任务：

子任务一：寻校园春日美景，写芳春美言美语。

子任务二：设计主题字"春"，书写美丽的春。

（四）具体过程

子任务一：寻校园春日美景，写芳春美言美语

学习活动一：猜字导入，了解字源

【活动时间】安排在课堂的前 5 分钟。

【活动地点】教室。

【活动过程】教师依次出示"春"字的字形演变过程，引导学生观察汉字"春"在演变过程中发生了哪些变化，重点强调小篆字体中出现的"屯"字，让学生通过字音字形猜出"春"字的含义，帮助学生理解汉字是音、形、义的结合。

学习活动二：多感官想象，感悟春天的美好

【活动时间】安排在课堂的第 5~10 分钟。

【活动地点】教室。

【活动过程】教师指导学生学习课文第 2~3 自然段，发现"寻找春天"需要细心观察，并通过多种形式的朗读，让学生初步体会作者描绘春天时所用语言的生动。学生小组合作学习课文第 4~7 自然段，仔细寻找课文当中还有哪些春天的景物。引导学生体会课文语言的生动，句式的整齐。

学生通过小组合作朗读、男女生合作读、表演读等多种形式，进一步体会作者观察的细致，能总结出作者是在看、听、闻、触等过程中找到了春天，在想一想、说一说的过程中感悟春的美好。

学习活动三：仿写宣传语，赞美校园的春天

【活动时间】安排在课堂的第 10~25 分钟。

【活动地点】教室。

【活动过程】教师引导学生交流自己在校园中找到的春日景物，并分别用上"看到、听到、闻到、触摸到"这些词语说一说，引导学生体会自己找到的景物的特点。小组合作交流，用上课文中的句式"那是春天的……吧？"，说一说自己找到的校园的春天，组内进行点评修改。

学生用句式"那是春天的……吧？"，试着写一写海报的宣传语。写好之后小组分享交流，利用评价标准进行小组互评。每组推选一位代表进行展示交流，其他小组进行评价。

子任务二：设计主题字"春"，书写美丽的春

学习活动一：回顾"春"字字形演变，设计书写主题字"春"

【活动时间】安排在课堂的第 25~40 分钟。

【活动地点】教室。

【活动过程】

教师引导学生回顾"春"字完整的演变过程，及春天校园景物的相关图片，学生观察汉字"春"在演变过程中发生了哪些变化，欣赏春天校园中美好景物的图片，多感官感悟春天的美好。教师再次重点强调小篆字体中出现的"屯"字，让学生通过字音、字形猜出"春"字的含义，帮助学生理解汉字是音、形、义的结合。

学生根据自己在校园中发现的春天美景和对春天的理解，小组合作为义卖海报设计主题字"春"。完成之后，先根据评价标准进行组内评价，然后进行修改。每组推选一位代表进行展示交流，其他小组进行评价，最终由老师和同学共同评选出 8 位同学的作品。

学习活动二：完善主题海报设计，进行评比展示

【活动时间】安排在课后 1~2 天。

【活动地点】教室及楼道展示墙。

【活动过程】各小组对 8 位同学设计的海报进行完善，增强学生的团队

合作意识。待各组海报完善后在楼道进行评比展示，由各学科老师、本年级同学投票选出本次活动的最终海报。

六、项目成效

二年级学生具有好奇心强、爱探索、易被感染的心理特点，容易被新鲜的事物、活动所吸引。同时，他们热爱自然，想象力丰富，对季节已具备了丰富的生活经验。本次学习联系学生生活实际，借助多媒体教学设备营造情境，让学生在学习中体验、感受，达到情感的共鸣，从而找到了校园中的"春天"。

课程结束后，二年级师生评选出了此次项目式学习活动中的优秀"校园之春"海报，并在义卖活动中进行展示，吸引了众多师生和家长朋友驻足观赏、拍照，许多学生在海报上签名留念。

此次项目式学习课程内容的设置，根据学生的年龄特点和认知规律，紧密联系学生的生活实际，结合课文内容，选择适宜的学习主题，创设学习情境；培养学生的阅读兴趣，感受阅读的乐趣；打通学科壁垒，用项目探索的方式将学生带入良好的学习探索氛围之中。孩子们在老师的引导下，通过自己的发现和感悟，用绘画、手工制作、实践、朗读的方式去解读春天。小组合作进行设计、展示、交流和评比的活动形式，使学生掌握了不同的学习方式，在广阔的学习和生活情境中学语文、用语文，提高了交流沟通、团队协作和实践创新能力。该项目既提升了学生阅读与鉴赏、表达与交流的能力，也让学生在语文课堂的学习中运用书法、美术等学科知识与技能，促进了学生综合实践能力的发展。

在活动中，学生们感受到春天的美好，在"找春天"的实践活动中细心观察体验，大胆地、有个性地用自己喜欢的方法去展现春天之美，敢于用多种形式去表达自己的感受。此次活动培养了学生善于发现生活美的良好习惯，提高了学生的审美能力，唤起了学生热爱大自然、热爱生命的美好情感。

七、项目反思

1.教学的起点是学生，终点是生活。项目式学习让学生在真实的问题情境中，身心俱在地参与项目活动。教师应以学生为主，关注学生的兴趣点和需求点。本次项目式学习真正实现了以学生为主体，学生从被动听讲到主动探索，老师从讲授者转变为指导者。

2.教与学更加多元化，从课堂延伸到了课下，从传统的讲授、讨论变成了探究、设计、制作、汇报、评比等多种形式的综合，以核心问题为驱动，以结果为导向，逆向教学。

3.学生全员参与，热情高涨，创意无限。学生的语言素养和各项能力都得到培养，如独立学习、解决问题、小组合作、组间互助、深度思维、批判反思等。

4.做研究型、创新型教师。继续开展项目式学习的理论和实践研究，加强教研组内集体备课，以大观念统整大任务，全盘构思、深度思考、大胆实践，让项目式学习在日常教学中生根发芽。

5.此次项目式学习主要基于语文学科的一篇课文开展，其实还可以联动数学、音乐、美术、科学、书法等学科设计综合性更强、更系统的学习活动，让学生全方位、多维度地探索校园的春天。

北京中学二分校　程雨晴

课例 3

玩转"汉字魔方"
——《"贝"的故事》教学设计

一、项目简介

此项目适用于二年级学生，依托统编版语文教材二年级下册第三单元课文《"贝"的故事》开展。此项目的主要任务是以"汉字魔方"为载体，围绕一个主题汉字，从六个不同的维度，集合了"神奇的字、漂亮的字、热情的字、博学的字、百变的字、好听的字"六个情境任务，让学生自主研究，动手制作"汉字魔方"，探究汉字的字形、字音，分别建立汉字与图画、汉字与词语、汉字与诗歌、汉字与童谣之间的联系，系统、科学地去感受汉字字形思维下的形体美，体会汉字叙事思维下的意境美，理解汉字字义思维下的内涵美，发现汉字字音思维下的音韵美。

最终呈现项目成果：神奇的"汉字魔方"。

二、项目情境任务

识字要引导学生探寻汉字的逻辑线和情感线，即汉字的构字规律和儿童的认知规律，以及汉字所包含的文化内涵。

在本次活动中，学生要化身为"小小汉字发现者"，以"汉字魔方"为载体，围绕一个主题汉字，完成"神奇的字、漂亮的字、热情的字、博学的字、百变的字、好听的字"六个情境任务，最终完成"汉字魔方"的制作。

三、学习目标

核心目标	成果表现	素养表现	评价指标	
			能力层级	具体描述
能把具有相同特征的汉字进行分类。	制作"汉字魔方"。	1. 识字与写字	知道	通过形旁归类识字、语境识字等方法认识"甲""骨"等14个生字。
			理解	借助图片，了解"镜""珠"等字的偏旁表示的意思。
			做到	读准多音字"漂"，积累"珍""币"等生字拓展的"珍贵""钱币"等12个词语。 会写"动物""贝壳"等12个词语；能说清楚"贝"作偏旁的字大多与钱财有关。
		2. 阅读与鉴赏	知道	能正确、流利、有感情地朗读课文。
			理解	能形成对文本内容、情感、表达顺序的整体感受，了解"贝"的特点和作用。
			做到	能根据需要从文本中找出相关信息，并能联系文本和生活体验说明"贝"的特点和作用。
		3. 梳理与探究	知道	了解具有相同或相似特征的汉字可以进行分类。
			理解	能观察并梳理出金字旁、斜玉旁等偏旁所表示的意思及规律，并举列说明。
			做到	能把具有相同或相似特征的汉字进行分类，并说明理由。
		4. 表达与交流	知道	了解"贝"作偏旁的字大多与钱财有关，清楚"贝"的字形演变过程。
			理解	能理解汉字的构字规律，学会与他人交流识字方法和汉字故事。
			做到	能完整地讲述"贝"字的故事。

四、项目评价

超出成功标准	满足成功标准	接近成功标准	远未达到成功标准
符合所有成功标准，并能选取一个新的汉字，从六个角度完成"汉字魔方"的制作。	1.漂亮的字：在田字格中正确书写"贝"字，做到规范、端正、整洁。 2.博学的字：能完整地讲述"贝"字的故事。 3.好听的字：搜集资料，以小组为单位展示有关"贝"字的儿歌、童谣或诗句。 4.拼贴完成"汉字魔方"。	至少满足成功标准中的3条。	满足成功标准中的1~2条。

五、项目实施

（一）提出问题

怎样在不同的学科中认识汉字朋友呢?

（二）项目准备

1.资料准备：设计制作"汉字魔方"学习单，按照六个板块进行分类；为魔方制作搜集各种素材，准备制作材料如彩纸、剪刀、胶水、画笔等。

2.行动准备：向二年级全体师生介绍项目背景、目标和实施流程，鼓励学生组成团队或以个人形式参与；提前布置好教室，邀请相关老师担任活动评委，布置展览场地，确保活动顺利进行。

（三）总体安排

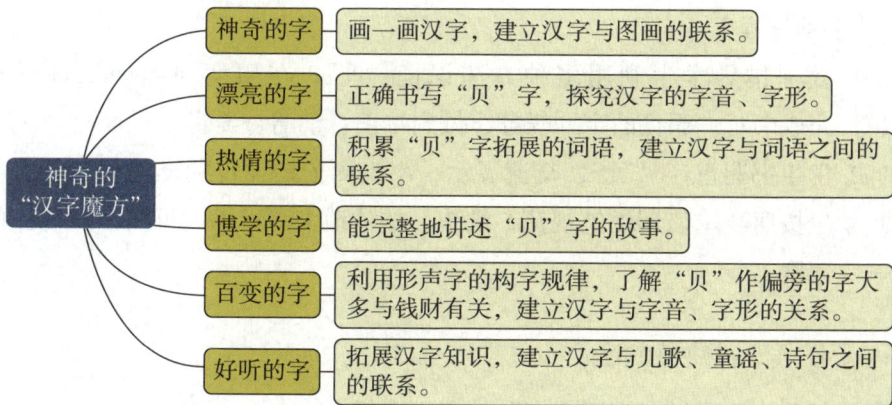

神奇的
"汉字魔方"

神奇的字	画一画汉字，建立汉字与图画的联系。
漂亮的字	正确书写"贝"字，探究汉字的字音、字形。
热情的字	积累"贝"字拓展的词语，建立汉字与词语之间的联系。
博学的字	能完整地讲述"贝"字的故事。
百变的字	利用形声字的构字规律，了解"贝"作偏旁的字大多与钱财有关，建立汉字与字音、字形的关系。
好听的字	拓展汉字知识，建立汉字与儿歌、童谣、诗句之间的联系。

（四）具体过程

子任务一：神奇的字

该任务以"画一画，猜一猜"的方式进行。

【活动时间】项目启动周第 1 天。

【活动地点】教室。

【活动过程】

1. 了解生活中的"贝"字。

教师向学生出示"贝"字的演变过程，引导学生观察并总结汉字的发展变化过程，让学生发现汉字的字音、字形与图画的关系。

2. 找一找生活中的"贝"字。

小组合作交流生活中所见到的"贝"，出示蛤蜊、蛏子、牡蛎、扇贝等的图片，扩展识字面，能有意识地在生活中识字。

3. 小组合作，利用画具等多种材料完成"神奇的字"魔方格。学生通过动手制作，提升了生活实践能力，并能根据需要尝试运用所学技能。

子任务二：漂亮的字

该任务主要是要正确书写"贝"字。

【活动时间】项目启动周第 1 天。

【活动地点】教室。

【活动过程】

1.教师指导学生利用多种方法识记"贝"，在田字格当中正确书写"贝"，完成书写"漂亮的字"任务，做到端正、整洁、美观。

2.学生书写汉字"贝"，交流展示，小组内依据评价标准进行互评、修改。学生按照要求使用硬笔规范、端正、整洁地书写楷书"贝"，力求美观，有一定速度。

子任务三：热情的字

该任务主要通过"词语列车"的方式进行。

【活动时间】项目启动周第 1 天。

【活动地点】教室。

【活动过程】

1.利用语文课时间，小组合作，给"贝"字找到好朋友，随文归类识字，认识贝字旁的五个字。同时，利用查字典和生活中的识字积累，补充贝字旁的汉字。

2.小组内先交流，互相补充积累贝字旁的字。全班交流，再次进行补充积累，提高学生把具有相同或相似特征的汉字进行分类的能力和一定的独立识字能力。

子任务四：博学的字

学习活动一：说一说"贝"的特点及作用

【活动时间】项目启动周第 2 天。

【活动地点】教室。

【活动过程】

1.利用语文课时间，小组合作完成探秘活动，借助课文及相关资料，交流讨论"贝"有哪些特点，"贝"的作用有哪些，提高学生理解常用汉字的意思，以及在语境中简单运用的能力。

2. 学生用"因为……所以……"这组关联词，完整地讲一讲"贝"的作用。教师指导学生按要求整理"贝"的发展过程，完成"博学的字"的学习任务，全班交流展示。

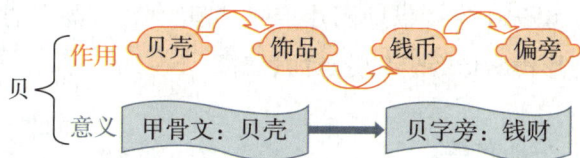

学习活动二：讲一讲"贝"的故事

【活动时间】项目启动周第 2 天。

【活动地点】教室。

【活动过程】小组合作，依照评价标准，完整地讲一讲"贝"的故事。小组内交流展示，先根据评价标准（故事发展顺序正确；故事内容完整；注意停顿，语速恰当，声音洪亮）进行组内评价，然后修改。每组推选一位代表在班级内进行展示交流，其他小组进行评价。

子任务五：百变的字

学习活动一：探究用"贝"作偏旁的字的含义

【活动时间】项目启动周第 3 天。

【活动地点】教室。

【活动过程】

1. 利用语文课时间，小组合作完成探秘活动，借助课文及相关资料，找一找、写一写贝字旁的字。引导学生观察贝字旁的字的共同点："贝"作偏旁的字不仅是形声字，它们也与钱财有关。

2. 四人小组合作利用手中的学具，演一演"赚""赔""购""货""贪""贫"这些用"贝"作偏旁的字与钱财的关系。小组合作汇报展示，学生能说清楚"贝"作偏旁的字大多与钱财有关，能把具有相同或相似特征的汉字进行分类并说明理由。

3. 小组合作，举一反三，找一找还有哪些含"贝"的字也和钱财有关。扩展识字面，能有意识地在阅读和生活中积累生字，根据需要尝试运用识字方法。

学习活动二：拓展延伸，深化对形声字形旁表义特点的理解

学生利用形声字构字规律，围绕形声字形旁表义的特点，理解贝字旁汉字的大致意思，识记生字。借助图片猜测"镜""珠"等字的偏旁表示的意思，深化学生对形声字形旁表义特点的理解。

子任务六：好听的字

该任务主要以体验汉字的音韵美为主。

【活动时间】项目启动周第 3 天。

【活动地点】音乐教室或小舞台。

【活动过程】学生在家长和老师的指导下收集与"贝"字有关的儿歌、童谣、古诗。以小组为单位，展示本组选定的与"贝"字有关的儿歌、童谣、古诗，邀请语文老师、音乐老师、高年级学生组成评审团，对各班提交的作品从内容丰富度、创意性、视觉效果、音韵感等方面进行公正评选。

玩转"汉字魔方"

学习活动一：拼贴"汉字魔方"

【活动时间】项目启动周第 3 天。

【活动地点】教室。

【活动过程】学生利用准备的制作材料如彩纸、剪刀、胶水、画笔等拼贴"汉字魔方"，进行交流展示。

学习活动二：迁移方法，制作新的"汉字魔方"

小组交流，每个小组选定一个新的汉字，根据本次活动所习得的方法，继续探究汉字的奥秘。围绕一个新的主题汉字，从六个不同的维度进行探秘，制作更多的"汉字魔方"，争做汉字文化宣传小使者。引导学生学会运用课文中学到的方法认识新字，提高识字效率和质量，进一步深化学生对形声字形旁表义特点的理解。

六、项目成效

本节课根据学生的年龄特点和认知规律，紧密联系学生的生活实际，结合课文内容，创设了制作"汉字魔方"的学习情境，设计了丰富的汉字主题活动，让汉字学习更加生动、有趣。学生通过自主研究、动手制作，探究字形、字音，建立汉字与图画、词语、儿歌、童谣、诗句之间的联系，系统、科学地去感受汉字之美。

神奇的"汉字魔方"
——"贝"的故事

选择区
1.珠宝　2.钱财
3.贝壳　4.钱币
5.饰品　6.偏旁

七、项目反思

本节课充分发挥跨学科学习的整体育人优势，体现了跨学科学习的计划性和目标意识。根据低年级学生的生活经历、学习兴趣和能力，教师精心选择学习主题和内容，组织、策划了涉及语文、美术、书法、音乐等学科的学习活动，通过跨学科实践研究，提炼有效教学方法，促进汉字教学形态和学生伙伴学习样态的改变，让学生在情境中感受汉字的神奇、有趣。

本节课通过积极开发汉字学习资源，努力提高学生学习汉字的兴趣，让汉字学习向四面八方打开，让学生自主研究，动手制作"汉字魔方"。让汉字学习从课内走向课外，先在低年级开展争做汉字宣传小使者活动，鼓励学生把学到的汉字制作成一个个"汉字魔方"并进行交流展示，推进汉字学习的课程体系建设。

北京中学二分校　程雨晴

课例 4

绘制探秘海底世界的思维导图
——《海底世界》教学设计

一、项目简介

　　此项目适用于三年级学生，是以统编版语文教材三年级下册第七单元的人文主题"奇妙的世界"为基础开展的项目式学习。教师将学习内容进行整合，以语文学科为主要学科，融合科学、数学、信息科技等相关学科的知识和技能，结合学校科技节展示活动的真实情境，拓宽学生语文学习和运用的领域。围绕"我为海底世界代言——绘制思维导图探秘海底世界"的任务，运用跨学科的思维方式，让学生进行有目的的阅读，探究文本表达奥秘，结合感兴趣的内容调研问题、搜集资料、整理信息，选用恰当的思维工具梳理表达层次，在有趣味的语言实践活动中学习语文、学会合作，能在观察大自然的过程中积极思考。最后，绘制探秘海底世界的思维导图来呈现自己的观察与探究所得，并在科技节上进行展览和代言。

二、项目情境任务

　　三年级下册第七单元以"奇妙的世界"为人文主题编排了《我们奇妙的世界》《海底世界》与《火烧云》三篇课文，选文语言优美，蕴含着丰富的科学知识。教学本单元时恰逢学校正在举办以"世界真奇妙"为主题的科技节，与本单元人文主题不谋而合。伴随科技节的举办和对该单元课文的学习，学生探索世界的热情空前高涨，提出许多关于海底世界的问题，如什么是水的反推力？鲸为什么不是鱼？海底有多少种鲨鱼？……这些都需要借助跨学科资源提供相关的解释。学生的需求和科技节展示活动的真实情境，为本次项目式学习提供了适切的机会。基于此，教师设计了"我为海底世界代言——绘制思维导图探秘海底世界"的任务，让学生化身"海底世界代言人"，参与到课文学习和科技节的展示活动中。

三、学习目标

核心目标	成果表现	素养表现	评价指标	
			能力层级	具体描述
学习整合信息，从不同方面介绍事物。	完成宣传海报制作，并在科技节上进行展览。	1. 识字与写字	知道	
			理解	
			做到	
		2. 阅读与鉴赏	知道	能通过朗读了解课文内容。
			理解	能联系上下文、借助生活经验，理解优美生动语句的意思。
			做到	能感受优美生动语句的魅力，并与同学交流感受。
		3. 梳理与探究	知道	能通过朗读、圈画、摘录等方式知道海底世界的主要特点。
			理解	能理解课文是从哪几方面把海底世界的特点介绍清楚的，发现课文在介绍海底世界不同方面时表达方式不同。
			做到	能根据自己感兴趣的内容，搜集、摘录、整理信息，绘制思维导图。

核心目标	成果表现	素养表现	评价指标	
			能力层级	具体描述
		4.表达与交流	知道	能了解自己感兴趣的海底世界的事物。
			理解	能理解事物需要从不同方面介绍清楚。
			做到	能从不同方面入手，运用优美生动的语言为自己感兴趣的海底世界的事物进行代言。

四、项目评价

（一）成果评价

超出成功标准	满足成功标准	接近成功标准	远未达到成功标准
符合所有成功标准，并满足以下两点： 1.思维导图精美，图文并茂。 2.使用了多种修辞手法进行介绍。	1.列出海底世界中自己感兴趣的事物。 2.根据感兴趣的事物积累、搜集资料。 3.结合资料，绘制出清晰的思维导图。 4.根据思维导图，能条理清楚地从几方面进行代言。 5.能写出概括事物特点的关键语句。	至少满足成功标准中的 4 条。	满足成功标准中的1～3 条。

（二）能力评价

评价任务	评价内容	评价标准	评 级
绘制思维导图，探究《海底世界》一文的表达奥秘。	通过绘制思维导图，发现课文是如何把海底世界介绍清楚的。	1. 思维导图各部分语言简洁。 2. 思维导图能将内容进行分类。 3. 思维导图分类合理，厘清课文是从几方面介绍海底世界的。	☆☆☆
借助思维导图为海底世界中自己感兴趣的事物代言。	选择感兴趣的事物，借助思维导图，担任"海底世界代言人"，探秘海底世界。	1. 能够结合语言材料，借助思维导图进行介绍。 2. 能围绕一个意思从几方面条理清楚地进行介绍。 3. 能运用积累的优美生动的语言进行介绍，介绍内容吸引人。	☆☆☆
小组合作制作图文并茂的海底世界宣传海报并进行代言。	完善思维导图，完成宣传海报，进行展示介绍。	1. 在海报制作和代言时能够从几方面来介绍海底世界。 2 海报制作和代言中所呈现的几个方面层次清晰。 3. 海报制作精美，图文并茂，代言中所用资料分类适合，介绍吸引人。	☆☆☆

五、项目实施

（一）提出问题

在本单元学习过程中，学校正在举办以"世界真奇妙"为主题的科技节活动。此活动与本单元的人文主题高度契合，极大地激发了学生探索海底世界的好奇心。在课前调研中，学生提出了许多关于海底世界的问题，如什么是水的反推力？海底还有哪些动植物？海底的稀有矿物可以开采吗？……这些问题需要综合运用多学科知识来解决，同时也为开展项目式学习提供了契机。因此，我们设计了"我为海底世界代言——绘制思维导图探秘海底世界"的项目式学习任务，让学生通过绘制思维导图，深入探究海底世界的奥秘，整合多学科知识完成科技节上为海底世界代言的展示任务。

（二）项目准备

在本课教学前，借助电子问卷的形式，教师搜集了学生对海底世界感兴趣的问题。学生根据自己感兴趣的问题自主开展资料的搜集与摘录工作，教师通过对数据的分析将大家感兴趣的问题进行归类梳理。本项目在课堂实施环节使用统计图的方式呈现调研结果，培养学生的数据意识，围绕大家感兴趣的热点问题进行代言展示。在科学课上，学生根据感兴趣的问题自愿结成学习小组，运用科学调查的方式将资料进行梳理整合，并向科学老师求证，在科学老师的指导下将感兴趣的事物以科学调查小报告的形式进行记录。在本项目第一课时中，学生已经知道海底世界是景色奇异、物产丰富的，以及课文是从哪几方面来介绍海底世界的，初步构建了探秘海底世界思维导图的大框架。

（三）总体安排

任 务	目 标
单元任务：我为海底世界代言——绘制思维导图探秘海底世界。	本项目结合科技节展示活动，设计的总任务是"我为海底世界代言——绘制思维导图探秘海底世界"，借助思维导图发现课文将事物写清楚的奥秘，结合文中优美生动的语言绘制宣传海报进行展示，为海底世界代言。
子任务一：回顾任务，完善导图，品味语言。	目标：完善思维导图，探秘课文将事物写清楚的表达奥秘，品味文中优美生动的语言。
子任务二：对比发现，回归文本，探究标准。	目标：根据思维导图厘清课文层次，回归文本探究代言标准，为自己感兴趣的部分进行代言。
子任务三：初试身手，挑战代言，自主拓展。	目标1：借助科学调查报告，整合信息，并将其转化成思维导图，有条理、吸引人地为海底世界自己感兴趣的事物进行代言。 目标2：借助思维导图完成宣传海报制作，并在科技节展示活动中为海底世界代言。

（四）具体过程

子任务一：回顾任务，完善导图，品味语言

学习活动一：回顾任务明思路

教师提出问题，引导学生思考：若要为景色奇异、物产丰富的海底世界代言，你准备从哪几方面来介绍？

预设：为海底世界代言可以从海底的环境、海底的声音、海底的动物、海底的植物及海底的矿物五方面来进行代言。

学习活动二：完善导图品语言

活动要求：

1.自读课文，选择最感兴趣的方面与伙伴进行交流。

2.组内达成共识，在学习单上绘制思维导图。

3.借助思维导图梳理代言思路。

4.学生结合思维导图进行小组汇报展示。

海底的声音：

预设1：

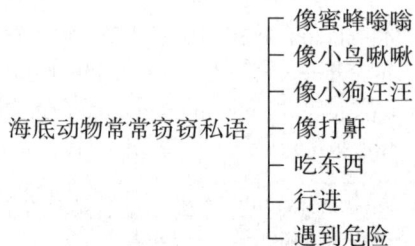

预设2：

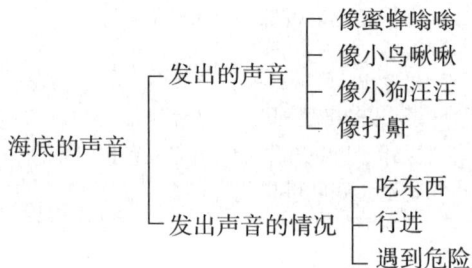

学生汇报意见不同。

小组进行交流讨论，阐述自己绘制导图的理由。

教师引导学生再次回归文本，读懂句与句之间的关系。

出示："有的像……有的像……有的像……"这几句主要在写什么呢？

预设：写动物们发出的声音像什么。

选择生活中我们熟悉的事物发出的声音来类比海底动物发出的声音，读起来生动有趣。

出示："它们吃东西的时候发出一种声音，行进的时候发出另一种声音，遇到危险还会发出警报。"

教师引导学生说发现。

预设：这几句在写动物们在不同情况下会发出不同的声音。

回归课文，厘清句与句的关系后，学生根据汇报再次调整小组的思维导图。

学生继续按照上面的方式汇报其他方面：

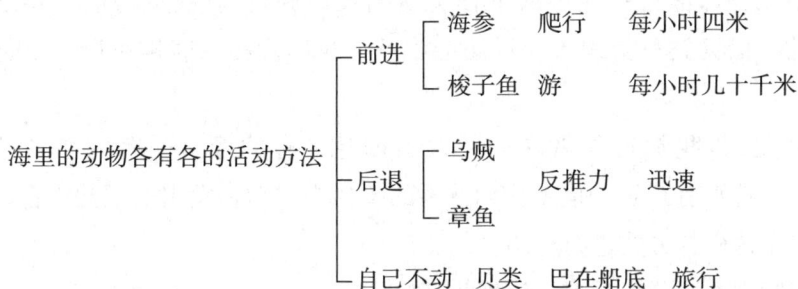

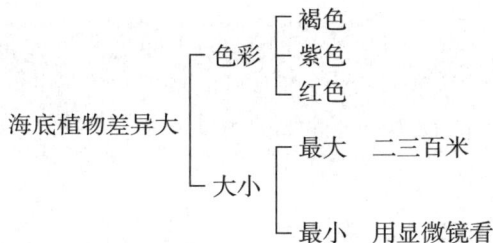

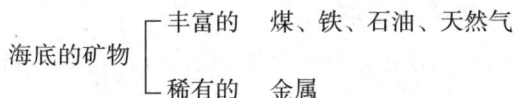

海里的动物各有各的活动方法
- 前进
  - 海参　爬行　每小时四米
  - 梭子鱼　游　每小时几十千米
- 后退
  - 乌贼
  - 章鱼
  　　　　反推力　迅速
- 自己不动　贝类　巴在船底　旅行

海底植物差异大
- 色彩
  - 褐色
  - 紫色
  - 红色
- 大小
  - 最大　二三百米
  - 最小　用显微镜看

海底的矿物
- 丰富的　煤、铁、石油、天然气
- 稀有的　金属

子任务二：对比发现，回归文本，探究标准

学习活动一：探秘表达说发现

观察海底世界不同方面的思维导图，说说你的发现。

预设：作者在介绍海底世界不同方面时，表述的方式不同，如在介绍声音和植物时没有进行举例，在介绍动物和矿物时举了具体的例子，但都是围绕一个意思把这些事物从不同方面介绍清楚，还运用了优美生动的语言。

我们在代言的时候也可以采取不同的方式和思路把事物的特点有条理地介绍清楚。

学习活动二：举例示范明标准

思维导图绘制好了，我们的代言马上就要开始了。想完成代言，我们按照思维导图介绍就可以了吗？其实，作者在行文时已经给我们作出了示范，你们觉得作者在介绍哪一部分时特别有意思呀？

预设1：我觉得作者在介绍贝类的活动方式时特别有意思，"有些贝类自己不动，却能巴在轮船底下作免费的长途旅行"。我觉得这一句语言特别生动，把贝类写得跟人一样还会旅行，我们代言的时候可以用上这样的语言。

预设2：我觉得作者在介绍声音时用"有的像……有的像……有的像……"特别有意思，借助我们熟悉的事物描述动物发出的不同声音，我们也可以用这样的方式进行介绍。

回归文本，分享交流，梳理代言标准。

有条理	讲清楚	吸引人
☆	☆	☆

子任务三：初试身手，挑战代言，自主拓展

学习活动一：初试身手敢代言

1.借助思维导图，用上文中优美生动的语言合作练习代言。

2.汇报展示时把自己对海底世界最感兴趣的方面讲清楚，要有条理、吸引人。

3.角色扮演，对照标准进行评价，给出建议。

听代言的同学化身科技节的观众，认真倾听介绍，结合标准对介绍进行评价，给出建议或发起挑战。

教师述评：听了这位代言人的介绍，让我们认识到海底动物的活动方法真是各不相同，有的快，有的慢，有的前进，有的后退，有的干脆不动，巴在船底作免费旅行，这真是太有意思了。有人想挑战他的代言吗？

方法回顾与总结：恭喜你们顺利完成挑战，获得"海底世界代言人"称号。回忆一下，我们是如何借助思维导图完成为海底世界代言任务的呢？

我们先借助思维导图厘清作者是如何围绕一个意思把事物的特点写清楚的，再用上生动的语言把海底世界不同方面有条理、吸引人地介绍清楚，顺利完成代言。

学习活动二：科学调查变导图

在景色奇异、物产丰富的海底世界中，还有很多同学们感兴趣的事物和现象等着我们用代言的方式介绍给更多的人。在信息科技课上，老师用电子问卷调研了同学们对于海底世界感兴趣的问题，并用统计图将大家感兴趣的问题进行了梳理。你能通过观察统计图，找出排在前五名的问题吗？

TOP 1：*海底有哪些植物？*

TOP 2：*海底有哪些动物？*

TOP 3：*鲸为什么不是鱼？*

TOP 4：*海底有哪些水母？*

TOP 5：*海底世界有多少种鲨鱼？*

科学调查变身思维导图助力代言。活动要求：

1.选择感兴趣的问题和相应的调查小报告。

2.根据调查报告绘制思维导图，梳理代言思路。

学习活动三：自主拓展巧代言

1.学生借助思维导图用上优美生动的语言对感兴趣的事物或现象进行拓展代言。

2.请 2~3 名同学合作完成"我眼中的海底世界"代言。

六、项目成效

《义务教育语文课程标准（2022年版）》明确指出，义务教育语文课程内容主要以学习任务群组织与呈现。在不同层面的任务群中，跨学科学习成为老师教学实践中讨论的焦点。

1.充分发挥跨学科学习优势，赋能高效课堂。教师能够充分发挥跨学科学习整体育人的优势，引导学生在语文实践活动中联系课堂内外，以丰富的资源拓宽语文学习和运用的领域，开展阅读、梳理、探究、交流等活动，并结合学校开展的科技节展示活动，综合运用信息技术、科学调查、数据分析等学科知识和技能探究问题、解决问题，取得了很好的效果。

2.创设适宜的学习情境和任务，变革学习方式，发展综合素养。充分彰显项目式学习的定位和功能，综合考虑教材内容和学生实际情况，使学生在贴近校园生活的学习任务中整合学习内容和学习资源，开展项目式学习实践活动。学生在"我为海底世界代言——绘制思维导图探秘海底世界"的学习任务中关联语文学习、校园生活，表达能力得到较好的提升，体现了综合运用学科知识解决问题的过程和方法，培养了学生的综合素养。

3.巧借评价细化标准，促进学生深度学习。在汇报展示过程中，发挥学生的主动性，引导学生自主制定出针对主要学习活动和内容的评价标准。学生明确评价标准，合理使用评价工具，落实评价目标。在学习探究的过程中，引导学生借助评价，反思自身的学习过程以及最后的学习效果，并为完善作品作好准备，真正做到由表层学习走向深度学习。

七、项目反思

1.新课标赋予教材新定位。《海底世界》以优美生动的语言介绍了海底奇异的景色和丰富的物产。在新的课程标准理念指导下，如何使课文迸发新活力，发挥新功能，单元人文主题和语文要素为我们指明了方向。三年级学生内隐的思维过程必须通过具体的学习活动、思维工具才能外显。思维导图的结构化设计为学生的学习提供了有力支撑。因此，教师设计了结合学校科技节展示活动，借助思维导图和生动的语言为海底世界代言的任务，契合了新课标的理念。

2. 项目式学习赋能师生新成长。课前通过电子问卷调研学生对海底世界感兴趣的事物，并针对感兴趣的问题从科学的视角进行资料的梳理与整合；完成调查小报告，作出科学解释，进行拓展代言。多学科融合让学生在科技节展示活动的真实情境中体验了探究的乐趣。

3. 新理念探索课堂新样态。语文素养是在积极的语言实践中获得并提升的，教师应设计有效的活动组织学生去实践，发展学生的语文能力。"为海底世界代言"的活动设计是在新课改理念下发挥项目式学习的优势，探索教与学方式变革的一次大胆尝试，还有很多待完善的地方，如探秘表达时不能准确发现介绍事物不同方面的表达层次，代言初体验时语言不够生动等，这些都需要学生在积极的语言实践中逐渐熟练并形成相关素养。

北京市朝阳区教育科学研究院附属小学　邵雪连
北京市朝阳区教育科学研究院　张瑾

基于整个单元
项目式学习教学设计

~~~~~~~~~~

课例 5

趣赏拼音展览会

——一年级上册拼音单元教学设计

一、项目简介

"趣赏拼音展览会"是专为一年级学生设计的创新型教学项目。本项目的设计基于语文课程标准中对拼音教学的要求，还结合了跨学科学习理念。项目包含一系列丰富有趣的实践活动，按不同的学习目标，分设拼音萝卜蹲游戏、拼音剪贴报、拼音手工艺品制作、拼音书写大赛四个活动，旨在全面巩固拼音知识，让拼音助力学生识字、阅读、表达能力的提升，提高语文核心素养。活动为期 1 个月，可见的项目产品（成果）主要有：学生制作的拼音剪贴报、拼音手工艺品，以及在活动中形成的个人项目评价表。这些多元化的成果将在最终的"趣赏拼音展览会"上集中展示，直观反映出学生的拼音学习进步与综合能力发展状况。

二、项目情境任务

实施此项目的动因在于解决常规教学模式下低年级学生可能面临的拼音认知困难、应用不灵活等问题，通过寓教于乐的方式，让学生在主动参与中加强对拼音的认知与运用。在本项目中，学生以"拼音读写全能星"的身份，参与拼音萝卜蹲游戏，能准确识别拼音字母并正确发音，在书写大赛中展示规范、美观的拼音书写；以"拼音剪贴艺术家"和"拼音创意手工匠"

的身份，利用所学拼音知识，创作拼音剪贴报和手工艺品，以艺术形式展现拼音之美。之所以要完成这些任务，是因为它们不仅能帮助学生牢固掌握拼音基础知识，更能引导他们学会在实际生活中运用拼音，并在此过程中培养其团队协作能力、创新思维和审美情趣，实现从单一知识技能到综合素养全面提升的目标。

三、学习目标

核心目标	成果表现	素养表现	评价指标	
			能力层级	具体描述
提高学生汉语拼音的理解和运用能力。	完成拼音萝卜蹲游戏和拼音书写大赛，制作拼音剪贴报和手工艺品并进行展览。	1. 识字与写字	知道	能识别汉语拼音字母及其发音特点。
			理解	能掌握拼读规则和音节结构。
			做到	能准确、规范地书写拼音字母，在拼音书写大赛中展示规范、美观的书写技能。
		2. 阅读与鉴赏	知道	能借助拼音进行简单的文本阅读。
			理解	能借助拼音理解文章内容，初步具备基本的语感和审美鉴赏能力。
			做到	能制作拼音剪贴报，运用拼音标注信息并形成有主题的内容，展现对文本内容的理解和创意表达。
		3. 梳理与探究	知道	能了解拼音知识的体系，明确拼音学习的重点和难点。
			理解	能从实践中提炼拼音规律。
			做到	能将拼音进行归纳整理，在项目实施过程中自主探究拼音的应用和拓展规律。
		4. 表达与交流	知道	能认识到拼音是口头和书面表达的工具。
			理解	能理解拼音在人际沟通中的作用，学会用拼音进行有效交流。
			做到	能创作拼音手工艺品，以创新形式展示拼音，在展览会中自信地介绍作品。

四、项目评价

评价项目	超出成功标准	满足成功标准	接近成功标准	远未达到成功标准
拼音萝卜蹲游戏	执行游戏规则，发音清晰准确，无任何拼音错误，体现出高水平的汉语拼音掌握能力。	遵守游戏规则，能正确读出指定的拼音，不影响游戏进程。	对游戏规则理解较为清晰，大多数情况下可以正确发音，存在发音模糊或不准确的情况。	对游戏规则的理解和执行不足，游戏过程中频繁出现拼音发音错误，影响游戏的正常进行。
拼音剪贴报	报纸设计主题鲜明，布局合理，色彩搭配和谐，拼音字母、词语或句子的排版美观大方，字体规范，能直观展示拼音知识要点。	报纸标题、正文、图片等基本元素齐全，无错别字或拼写错误，能较直观地展示拼音知识要点。	报纸设计布局稍显杂乱，色彩运用不够协调。拼音部分正确率较高，存在个别书写不规范或排列不够美观的情况。	报纸设计页面分割混乱，不易辨识主要信息，色彩使用随意。拼音部分出现书写错误、拼读错误，排版凌乱。
拼音手工艺品制作	作品的拼音元素准确无误，展现出对拼音的深入理解和灵活运用。能够有效吸引观者注意力并引导其学习拼音。	作品制作规范，拼音元素清晰可见且正确无误，能较好地将拼音知识与手工艺结合展示。	作品的结构基本完整，拼音元素虽有体现但可能在准确性或创新性上稍显不足。	作品拼音元素表达不清晰或存在错误，无法有效传达拼音信息。
拼音书写大赛	拼音字母书写正确，字体工整美观，笔画流畅有力，布局合理，准确体现出拼音字母的书写规范。	拼音字母书写正确，字迹清晰，无明显错误和疏漏。布局较为合理。	拼音字母书写基本正确，某些细节上存在瑕疵，例如个别字母笔画不够规范，大小或间距略有不均。	拼音字母书写有多处错误，模糊不清，难以辨识，作品页面有多处涂改。

五、项目实施

（一）提出问题

在小学低年级的语文教学中，教师发现部分学生在拼音学习上存在一定的困难和抵触情绪，主要表现为发音不准确、拼读不熟练，以及书写不够规范等问题。此外，学生在掌握拼音基本技能后，往往难以将其灵活运用到实际阅读和表达中。基于此，我们策划了"趣赏拼音展览会"项目，旨在通过创新的教学方式和丰富多样的实践活动激发学生的学习兴趣，提高他们对拼音的认知、理解和应用能力。

（二）项目准备

1. 资料准备：设计制作拼音萝卜蹲游戏道具，按照声母、韵母、整体认读音节对拼音卡片进行分类；准备拼音书写大赛所需的纸张、铅笔等材料；为拼音剪贴报和手工艺品制作搜集各种素材，准备制作材料，如彩纸、剪刀、胶水、画笔等。

2. 行动准备：向一年级全体师生介绍项目背景、目标和实施流程，鼓励学生组成团队或以个人形式参与；根据项目内容对学生进行必要的前期培训，如拼音知识复习、手工技能培训等；提前布置好教室，邀请相关老师担任活动评委，布置展览场地，确保活动顺利进行。

（三）总体安排

1. 项目实施时间：11 月 14 日—12 月 14 日。
2. 项目总的学习任务与实施方式如下：

总的学习任务	实施方式
拼音知识的掌握与运用	学生通过参与拼音萝卜蹲游戏、拼音书写大赛等活动，加强对汉语拼音基础知识的掌握，包括声母、韵母、整体认读音节等，提升发音准确度和规范书写能力。
创新思维与动手能力培养	在拼音剪贴报制作中，学生需结合所学拼音知识进行创意设计，锻炼创新思维能力和艺术表现力。拼音手工艺品创作则要求学生运用各种材料，将抽象的拼音元素转化为实体作品，从而提升手工技能和实践操作能力。
跨学科融合与多元智能发展	项目活动将语文与美术、体育、劳动等课程相结合，实现跨学科融合，促进学生的多元智能全面发展，如语言智能、逻辑智能、空间智能、肢体动觉智能等。

总的学习任务	实施方式
团队合作与交流互动	学生在完成项目的过程中，需要与其他同学共同探讨、互相协作，形成良好的团队精神和沟通技巧，同时通过作品展示和交流，增强自信心和表达能力。
成果展示与评价反馈	所有活动结束后，举办全校范围的展览和颁奖典礼，展示学生的学习成果，给予公正公开的评价和反馈，激励学生持续改进和进步。此次活动总结的拼音教学的方法和策略，为今后的教学改革提供了参考依据。

3.项目子任务活动架构图如下：

（四）具体过程

子任务一：拼音读写全能星

学习活动一：拼音萝卜蹲游戏

【活动时间】项目启动后的第1周。

【活动地点】教室或户外操场。

【活动过程】

1.宣传与准备阶段。

教师向学生介绍拼音萝卜蹲游戏规则，强调在游戏中学习和巩固汉语拼音的重要性。为每个学生分配一个代表不同拼音的头饰或标签，如声母、韵母、整体认读音节等。学生通过小组练习熟悉游戏玩法，提升反应能力和发音能力。

2. 班级预赛阶段。

各班在体育课上组织班内预赛，每轮比赛安排 5~10 人参加。游戏开始时，一名学生念出自己的拼音并做下蹲动作，同时指定下一个同学的拼音，被叫到的同学必须迅速、准确地念出自己的拼音并重复相同动作，以此类推。教师对学生的表现做好记录。游戏结束后，每个班级选出三名表现优秀的学生代表参加校级决赛。

3. 年级决赛阶段。

参加决赛的选手到达操场，邀请同年级师生观摩，营造良好的竞赛氛围。决赛采取淘汰制，确保公平公正，同时该活动也能增强学生的团队协作意识和竞争精神。

学习活动二：拼音书写大赛

【活动时间】项目启动后的第 2~3 周。

【活动地点】教室、书法室、学校操场。

【活动过程】

1. 活动启动与准备阶段。

教师向学生介绍拼音书写大赛的规则和评分标准，强调书写规范、清晰和美观。各班分发练习纸张，引导学生在课余时间加强拼音声母、韵母以及整体认读音节的书写练习。

2. 班级预赛阶段。

各班级内部组织书写比赛，教师可以进行现场指导和点评，帮助学生提高书写技巧。每位学生提交一份拼音书写作品，由班主任和语文老师共同评选出优秀作品，每班推选 8 名学生参加全校决赛。

3. 年级决赛阶段。

举行年级决赛，参赛者到达操场，现场完成指定内容的书写（如声母、韵母、整体认读音节）。组织专业评委团队（包括书法老师、语文教师等）对书写正确性、规范性和艺术美感等方面进行公正评判。

子任务二：拼音剪贴艺术家

学习活动：拼音剪贴报

【活动时间】项目启动后的第 4~5 周。

【活动地点】教室、学生家中、美术工作坊。

【活动过程】

1. 活动策划与宣传阶段。

发布活动通知，明确比赛主题（如"快乐学拼音""拼音世界探索"等），提供制作指南和评分标准。组织语文老师对学生进行拼音知识回顾练习，美术老师进行创意设计指导。

2. 制作准备与指导阶段。

学生在家长和老师的指导下搜集相关材料，包括废旧杂志、报纸、彩纸、画笔等，并开始创作拼音剪贴报。老师定期查看进度并提供个性化的指导，确保作品既符合主题要求，又能展现学生的创新思维和动手能力。

3. 班级初评与提交作品阶段。

各班自行组织初评，选出五份优秀作品代表班级参加全校评比。提交的作品须附带学生姓名、班级以及作品简介。优秀作品创作者将在展览会上解说作品。

4. 年级评审阶段。

校方邀请语文老师、美术老师、劳动老师等组成评审团，对各班提交作品的内容丰富度、创意性、正确性、视觉效果、解说等方面进行公正评选。

子任务三：拼音创意手工匠

学习活动：拼音手工艺品

【活动时间】项目启动后的第 6~7 周。

【活动地点】教室、家校合作工作坊、学生家中。

【活动过程】

1. 活动启动与宣传阶段。

发布活动通知，明确以拼音元素为主题的手工艺品创作要求，鼓励学生利用环保材料和创新手法展现汉语拼音的魅力。

2. 创作准备及指导阶段。

学生在美术老师、劳动老师的指导下搜集适合制作拼音手工艺品的各种材料，如黏土、纸板、雪花片、瓶盖、糖豆等，并结合所学拼音知识进行设计与制作。老师定期组织讨论会和创作辅导课，帮助学生解决制作过程中遇到的问题。

3. 班级初评与提交作品阶段。

各班举办内部评选，选出最具创意、工艺精良且能准确展现拼音特点的作品五份，参加全校比赛。提交作品时附带作品说明卡片，包括作者姓名、年级、作品名称、设计理念以及拼音知识应用情况。优秀作品创作者将在展览会上解说作品。

4. 年级评审阶段。

校方邀请语文老师、美术老师、劳动老师、专业艺术老师、教育专家及校外嘉宾组成评审团，从创意性、拼音知识运用、手工技艺、美观度等方面对参赛作品进行打分评选。

六、项目成效

开展"趣赏拼音展览会"学习成果展示活动之前，学科老师提前对参赛作品进行分类整理，并制作精美的展板与标签，确保每个参赛作品都能得到充分展示。各班学生的作品整齐有序地陈列在展览区内，包括生动有趣的拼音萝卜蹲游戏记录视频、笔画工整的拼音书写大赛优秀作品、创意无限的拼音剪贴报，以及匠心独运的拼音手工艺品。学生在欣赏的同时，也能通过优秀作品创作者的解说，深入了解每一件作品背后所蕴含的拼音知识和创新理念。

"趣赏拼音展览会"项目在实施过程中，以丰富的活动，让学生"做中有所学，做中有所思，做中有所获"。在产品表现方面，学生们创作的拼音剪贴报和手工艺品充分展示了他们的创新思维与实践应用能力。通过精心设计的拼音元素，他们不仅巩固了基础的拼音知识，还将其转化为富有创意的艺术作品。这些作品内容丰富多样，体现了学生对拼音规则的理解深度和运用广度，同时也展现了独特的审美视角和表达技巧。

在过程表现上，学生积极参与活动，如拼音萝卜蹲游戏提高了学生识别和快速反应拼音字母的能力；拼音书写大赛则提高了学生汉语拼音的书写能力，有助于学生养成良好的书写习惯。在整个项目实施过程中，学生学会了合作交流，增强了团队协作精神，并展现出积极主动的学习态度。

从能力发展的角度看，"趣赏拼音展览会"项目极大地促进了学生的全面发展，不仅提升了他们在识字与写字、梳理与探究以及表达与交流等方面的核心素养，还培养了他们的创新意识、审美情趣以及跨学科学习的能力。该项目让学生在实践中深刻理解并熟练运用汉语拼音，从而解决了常规教学模式下可能存在的学习难点。

综上所述，"趣赏拼音展览会"项目以寓教于乐的方式成功激发了学生的学习兴趣，促使他们在实践操作中巩固和深化拼音知识，同时也培养了多元化的技能和核心素养，从而实现了项目学习的预期目标。但还需持续关注个体差异，针对不同学生提供个性化的指导和支持，以期进一步优化项目实施效果。

七、项目反思

"趣赏拼音展览会"项目实施后，从根本意义上改变了教师单一的讲授教学方式，通过一系列丰富的实践活动，实现了学习方式的多元化，建立了适合一年级学生学习拼音的资源库，形成了形式多样、行之有效的拼音教学项目群。整个项目中，教师起统筹组织的作用，教师的组织、协调、管理、评价等能力均得到了提升，此次项目式活动更是"双减"政策下优化作业设计的体现。

然而，在项目设计和实施环节也存在一些不足。例如，部分活动难度设置可能偏高或偏低，部分学生的参与度和进步速度有待提高。这提示我们在今后项目设计时需要考虑更具包容性和差异化的策略，确保每个学生都能在适合自己的挑战难度下获得成长。

另外，学生在拼音剪贴报和拼音手工艺品的创作中表现出丰富的想象力和创新力，但在展示交流环节，部分学生可能存在表达不够自信、讲解不清楚等问题。因此，未来应强化口头表达与沟通技巧的训练，鼓励学生在分享作品时更好地运用所学拼音知识，提升其语言组织和讲述能力。

最后，我们需要进一步优化项目设计，增强过程性评价，强化学生的表达与交流能力，从而使该项目在深化拼音教学的同时，更加全面地促进学生综合素养的提升。

四川省乐山市通江小学　舒豪情、宋华

课例 6

办好形声字作品展

——二年级上册识字单元教学设计

一、项目简介

统编版语文教材一年级上册识字单元和二年级上册识字单元第2课，旨在引导学生发现汉字形旁表意、声旁表音的特点，从而归类识字。归类识字有助于激发学生轻松识字、写字的兴趣，以及传承民族文化的责任感。如何使学生更全面地了解汉字，感受汉字魅力，切实提升识字、写字能力，是当前教学中教师亟待解决的问题。二年级语文教研组的老师创新设计评价方式，经过策划筹备，制订了详细的活动方案，从规则、内容、形式等方面进行了精心的项目设计。

结合课程目标和教材内容，本项目实施分为三个阶段，共6周。其中，1~5班对一个或者几个母体字进行思考，制作精美小报；6~10班制作多变的形声字头饰；11~15班制作形声字大转盘。制作完成后，进行作品展览交流。

二、项目情境任务

汉字是民族文化的化石，是历史的载体，是前人智慧的结晶，是有着鲜活生命的"你""我""他"。此项目实施旨在让学生更全面地了解汉字，感受汉字的魅力，切实提升识字、写字能力。针对二年级学生识字量大、识字困难、记不住的问题，教师创设"探秘文字奇妙规律，办好形声字作品展"的情境。学生将以文字探秘者的身份探寻文字奇妙规律，制作精美小报、形声字头饰、形声字大转盘等作品，进而举行展览，互相交流。教师有针对性、系统性地渗透识字方法，让学生能多方法、多途径、系统性、有规律地识字。

实施此项目，是希望学生通过自主观察、辨析汉字，逐步了解汉字的特点；通过自主实践活动，掌握识字方法，有效区分形近字、音近字；能根据学习任务，开展自我学习和小组合作学习，提高用多种方法识字的能力，感受识字的乐趣。

三、学习目标

核心目标	成果表现	素养表现	评价指标	
			能力层级	具体描述
借助汉字的构造特点和规律，认识更多的汉字，培养学生用多种方法识字的能力。	完成形声字作品并进行展览。	1. 识字与写字	知道	能了解识字的方法多种多样，要随时随地主动识字。
			理解	能理解形声字的特点，包括形旁和声旁两个部分——形旁表意，声旁表音。
			做到	能借助汉字的构造特点和规律判断读音和意思。
		2. 阅读与鉴赏	知道	能了解可以结合图画识字学文。
			理解	能理解形声字形旁表意、声旁表音的特点。
			做到	能借助汉字音形义之间的关联说出独特的文化内涵。
		3. 梳理与探究	知道	能积累、梳理学过的形声字。
			理解	能观察字形，体会汉字部件之间的联系。
			做到	能主动在生活中识字，发现汉字与生活的联系。

核心目标	成果表现	素养表现	评价指标	
			能力层级	具体描述
		4.表达与交流	知道	能乐于分享自己搜集的形声字。
			理解	能留心观察身边同学的作品，认真倾听同学分享，知道汉字构字规律，辨析汉字。
			做到	能根据学习任务，将积累搜集的形声字和大家交流分享。

四、项目评价

（一）成果评价

超出成功标准	满足成功标准	接近成功标准	远未达到成功标准
符合所有成功标准，并满足以下两点： 1.能用较快速度阅读含大量形声字的阅读材料，设计具有创新性的形声字。 2.形声字作品有创意，较新颖。	1.能按照字形结构、偏旁部首等对搜集到的生字进行归类整理。 2.能较为清楚地说出常见偏旁表示的意思，能说出几个偏旁衍生的汉字。 3.至少选择一种形声字字族规律，完成一项作品。 4.能清楚地介绍形声字字族作品中的生字字音、构字规律。	至少满足成功标准中的3条。	满足成功标准中的1~3条。

（二）能力评价

在此项目学习中，学生通过自主实践活动，积累、梳理形声字，了解汉字音形义之间蕴含的独特的文化内涵，掌握归类识字、看图识字等方法和技巧，并在此过程中有效区分形近字、音近字，达到成功标准。根据学习任务，学生开展合作学习，有较好的沟通协作能力。学生把搜集到的形声字图文并茂、生动、创造性地展示出来，促进自身主动学习、学会学习、合作探究、展示交流、实践反思，从真正意义上提高综合素养。

项　目	评价内容	个人自评	小组互评	教师评价
知识掌握	可以理解形声字构字规律，能分析给定汉字的形旁和声旁。	☆ ☆ ☆ ☆ ☆	☆ ☆ ☆ ☆ ☆	☆ ☆ ☆ ☆ ☆
技能运用	能用较快的速度阅读含大量形声字的阅读材料，设计具有创新性的形声字。	☆ ☆ ☆ ☆ ☆	☆ ☆ ☆ ☆ ☆	☆ ☆ ☆ ☆ ☆
合作精神	项目全程积极参与、高度配合。	☆ ☆ ☆ ☆ ☆	☆ ☆ ☆ ☆ ☆	☆ ☆ ☆ ☆ ☆
	认真思考，为项目出谋划策。	☆ ☆ ☆ ☆ ☆	☆ ☆ ☆ ☆ ☆	☆ ☆ ☆ ☆ ☆
能力提升	文明地进行人际沟通和社会交往。	☆ ☆ ☆ ☆ ☆	☆ ☆ ☆ ☆ ☆	☆ ☆ ☆ ☆ ☆
	用口头或图文等方式表达自己的见闻和想法。	☆ ☆ ☆ ☆ ☆	☆ ☆ ☆ ☆ ☆	☆ ☆ ☆ ☆ ☆
	实践能力强，能够亲自参加项目制作。	☆ ☆ ☆ ☆ ☆	☆ ☆ ☆ ☆ ☆	☆ ☆ ☆ ☆ ☆

五、项目实施

（一）提出问题

汉字是民族文化的化石，是历史的载体，是前人智慧的结晶，是有着鲜活生命的"你""我""他"。如何使学生更全面地了解汉字，感受汉字的魅力，切实提升识字、写字能力？针对二年级学生识字量大、识字困难、记不住的问题，如何有针对性、系统性地渗透识字方法，让学生能多方法、多途径、系统性、有规律地识字？

（二）项目准备

1. 资料准备：选择并剪辑纪录片，便于学生深入了解汉字的历史起源及演变过程，挖掘汉字背后的文化密码。整合一年级上册识字单元和二年级上册识字单元，形成学习内容。

2. 行动准备：通过在校园广播站广播、组织汉字文化创意节目等方式积极宣传和推广项目活动，吸引更多的同学加入，激发同学们的探究、实践热情。

（三）总体安排

本项目实施分为三个阶段展开。入项阶段（第1~2周）：首先，设置情境，驱动任务；其次，观看视频，了解汉字文化。项目实施阶段（第3~4周）：根据讨论，分三个子任务进行实施。1~5班对一个或者几个母体字进行思考，制作精美小报；6~10班制作多变的形声字头饰；11~15班制作形声字大转盘。结项阶段（第5~6周）：进行形声字作品展览和表彰。

（四）具体过程

1. 情境驱动。

学生观看视频《汉字的构造》。

教师组织学生分组讨论：你从中感受到汉字的什么特点？

小组分享交流，教师点评，并提出驱动性问题：面对我们识字表中的400个生字、会写的200个生字，我们如何能多方法、多途径、系统性、有规律地识字？

2. 项目分组。

（1）教师根据学生回忆罗列一年级学习生字的方法。

（2）教师出示本次入项课的识字任务。

复习"青"字家族的形声字，以《小青蛙》一课为学习内容，边读儿歌边发现，观察"睛""情""晴""清""请"这五个字哪部分是声旁，哪部分是形旁，发现形声字构字规律。

出示一年级下册"语文园地五""识字加油站"的"包"字家族形声字学习内容，结合构字规律，认识新授字，通过组词、造句的形式加深对新授字的印象，进一步引导学生发现，两组形声字都是形旁不变、声旁变。

学习后，拓展一组形声字，要求学生猜字音、字义。最后，鼓励学生利用所学到的方法在阅读中识字，寻找更多家族字，发现汉字的构字规律，探寻古人的智慧与文明。

（3）教师根据汉字特点，开展制作精美小报、形声字头饰、形声字大转盘三个学习活动。

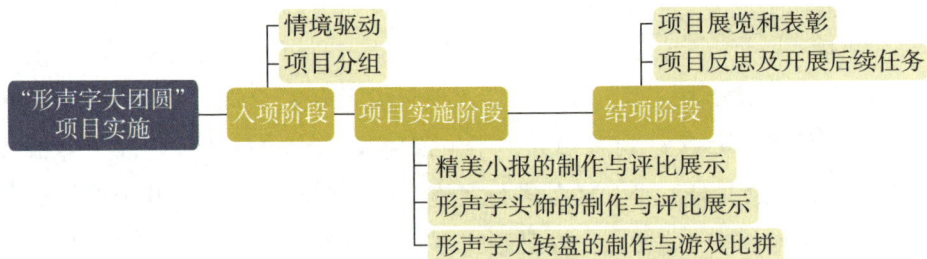

子任务一：制作精美小报

学习活动一：活动前筹备，介绍手抄报内容和主题

1. 介绍手抄报的内容。

手抄报是小学生开展课外活动的形式之一。每当重大节日来临，我们都会以各种各样的形式来表达，或祝愿，或庆祝，或歌颂。

2. 明确手抄报的主题。

选择自己最喜欢的母体字，发现由母体字派生的一组形声字，这些字可以组词、说句子，并把每组字按一定的版面设计绘在纸上，辅以插图，做成小报。

学习活动二：班级内协同制作精美小报

1. 版面设计：主题明确，版面整洁、美观。

（1）版面划分：先把版面划分成两块，每块中还可以再分成片。划分文章版面时，要有横有竖，有大有小，有变化和对称的美。报头要放在显眼位置。

（2）版面编排：若版面划分不合适，就要将版面的安排作必要的调整。如不能安排下文章，就利用移引、转版等形式布局，并用字号、颜色、花边与邻近的文章版面相区别。

（3）装饰设计：除报头按内容设计、绘制外，每篇文章的标题也要作总体考虑，按文章主次确定标题的字体、字号、颜色及横竖排位置。

内容以横排为主，行距大于字距，篇与篇之间应用些题花、插图、花边及尾花间隔，起装饰、活泼版面的作用。学生根据生字进行排版，并画好格子或格线（用铅笔轻轻描出，手抄报制作完毕后，用黑色笔描边，最后擦除铅笔印迹）。

2. 形声字摘录与抄写过程：选择自己最喜欢的母体字，整理、梳理、发现由母体字派生的一组形声字，用这些字组词、造句。

学习活动三：讲解小报内容，班级展示

1. 同桌互相欣赏小报，读一读小报上的形声字和句子，交流形声字字族作品中的生字字音、构字规律。

2. 四人小组欣赏交流，纠正错字，再次巩固形声字形旁表意、声旁表音的特点，选出优秀作品。

3. 全班展示优秀作品，朗读形声字，用熟悉的字词造句，谈谈学习收获。

子任务二：制作形声字头饰

学习活动一：探索汉字奥秘，叩响知识的大门

1. 偏旁大搜索：梳理摘抄教科书中的不同偏旁，了解偏旁的意义。

2. 换一换游戏：换偏旁区分形近、同音字，拓展识字量，进一步复习巩固形声字构字规律。

学习活动二：七彩汉字别样美，识字头饰趣味浓

1. 以小组为单位制作形声字头饰。班级分为形旁组和声旁组，一半同学制作形旁头饰，一半同学制作声旁头饰。

2.找朋友。全班同学围成一个圈，听歌曲《找朋友》，唱儿歌，边拍手边找朋友。音乐停下时，学生站到自己想认识的朋友面前，并介绍自己（头饰代表自己的名字）："你好！我叫×××。"形旁声旁互相介绍自己。

3.认识新朋友。形旁、声旁组成新字后，一起介绍自己："大家好，我是声旁×，我是形旁×，我们组成新字×。"没有组成新字的，继续玩找朋友游戏。

4."形旁""声旁"交朋友，换偏旁区分形近、同音字，拓展识字量。

学习活动三：形旁家族奥秘多，你来积累我来说

1."形旁"头饰大集合，了解偏旁的意义。说说你知道哪些汉字的偏旁，分别和什么有关。

2.发现形声字字族规律：同一部首，不同部件；同一部件，不同部首；不同部件、部首，意义相关。

子任务三：制作形声字大转盘

学习活动一：形声字大搜索

1.课前准备：把一、二年级语文教材准备好，自己尝试初步梳理。

2.开展"形声字大团圆"活动，分组、分工合作搜集形声字，并写到积累本上。

3.形声字搜索汇报会：分组汇报自己搜集的结果，汇报形式可以多种多样，除了认一认搜集到的字，还可以讲一讲汉字背后的小故事或者这个汉字的发展演变过程。

4.发现形声字字族规律：同一部首，不同部件；同一部件，不同部首；不同部件、部首，意义相关。

学习活动二：拼有趣的形声字

学生选择各自想要介绍的形声字群，班级分组制作生字转盘。"汉字音形意，辨别要仔细。声旁多表音，形旁多表意。掌握其规律，识字多容易。"汉字中有很多是形声字，让学生在转盘游戏中感受形声字的构字规律，体会识字乐趣，认识更多的汉字。

学习活动三：形声字大转盘游戏

1.制作完成转盘后，组内交流展示，一起认识新组成的汉字。

2.创编形声字字族儿歌。学生组词、造句，合作编写形声字字族儿歌，展示识字成果，字不离词，词不离句。鼓励学生主动运用识字方法识字，帮助其理解字意，创造运用语境。

子任务四：形声字作品展

学习活动一：集体商议举办展览需要准备什么

1.经验分享：邀请具有办展经验的老师或高年级同学介绍办展览的过程。

2.老师和学生集体讨论：举办形声字作品展前需要做哪些准备工作，从场地准备、内容安排、活动安排、邀请参会人员等方面展开讨论和交流。

学习活动二：分组准备，个别指导

学生根据讨论进行准备，教师随时了解准备进度，个别指导，不断调整和完善。

学习活动三：举办展览

展览当天，学生有序完成展览的各项流程。展览结束后，教师对此次项目活动中的作品内容和形式进行评价，对展前准备、展览过程中出现的问题和同学们一起进行总结反思。最后，表彰表现优异的同学，邀请学生分享学习收获。

六、项目成效

1.进一步了解汉字构字规律，提升识字乐趣。音美以感耳，形美以感目，意美以感心。汉字内涵丰富，雅致精巧，韵律十足。本次项目式学习通过动手制作小报、形声字头饰、形声字大转盘，让学生用多种形式自主识字、分类系统识字。活动中，学生进一步了解汉字的构字规律，也通过丰富的成果展示感受到识字的乐趣。

2. 注重学科整合，提高语文核心素养。本项目实施过程中，学生的学习方式从单一到多样，通过语文、美术等学科的综合学习，学会搜集、整理各种学习成果。在这一过程中，学生或个性飞扬，或共同合作，思维得到了综合训练，审美能力与创造能力得到了有效提高。

3. 有效建立了课堂和学习生活的联系。在"形声字大团圆"活动中，学生有很大的自主选择权，如选择不同的任务和展示方式。学生通过查阅资料、询问家长、观察生活等方式梳理形声字，运用课堂上学习到的汉字规律，对所搜集的形声字进行分类整理。学习来源于生活，又运用于生活。

综上所述，学生先观看纪录片了解汉字的历史起源及演变过程，通过观察课文中的会意字、象形字等，研究汉字的结构；后用双手寻找生活中的汉字，用眼睛去发现汉字美，用心灵去感受汉字美，通过多种形式，巩固所学生字，进一步明晰了解形声字形旁表意、声旁表音的规律，提高识字效率。贴近实际生活的语文项目式学习活动，能让识字学习在低年段孩子心中生根。项目式学习为我们打开一个更广阔的天地，它鼓励学生为自己所需、为自己所学展开思考和研究，培养了学生的批判性、创造性思维，及与他人合作、善于解决问题的能力，引导学生为解决更复杂的问题作好准备。

七、项目反思

1. 注重学生学习的过程性评价，评价要多元化。在本项目实施中，从分小组开始制作小报、头饰和转盘开始，教师就可以进行评价。二年级学生年龄尚小，很多时候是在家长的支持配合下开展项目学习，对学生的过程性评价不足。在评价中不能只关注成果展示的精美性、完整度，还应该关注作品完成的过程、方法和态度等。教师可将学生在学习活动中产生的各种行为、情感和态度作为考核指标，对其进行综合评价，以了解学生在课堂中的真实学习状态。

2. 注重对学生学习过程的指导，充分发挥教师的作用。教师是整个项目的设计者，要从教学理念、教学策略和方法等方面关注学生的动态学习过程，注重激发学生的好奇心、探索欲、学习兴趣、学习动机和学习投入。教师在项目开展前和实施过程中都要及时了解学生学习活动的进展，能在恰当时机给予学生激励和指导，保证项目式学习的顺利开展，促使所有学生完成项目成果，达成学习目标，促进核心素养的提升。

四川省乐山市通江小学　李霞、黄静虹

课例 7

用文字为秋天"留影"

——三年级上册第二单元教学设计

一、项目简介

此项目适用于教学三年级上册第二单元时开展。本单元围绕"金秋时节"这一主题，编排了《山行》《赠刘景文》《夜书所见》三首古诗和《铺满金色巴掌的水泥道》《秋天的雨》《听听，秋的声音》三篇课文。本单元教学致力落实"运用多种方法理解难懂的词语"和"学习写日记"两个语文要素。

整个单元带我们从古至今，感受了不同作家笔下的秋景。"秋天"在诗人眼中是山中枫叶，是橙黄橘绿，更是秋风动情的景色变迁；在作家眼中又幻化成儿童世界金色的落叶、五彩的颜料、香甜的气味和暖暖的叮咛……编者旨在从不同角度，运用不同的观察方法，带领学生发现和领略多样的秋天。本单元的课文不仅向学生展现了一幅幅秋天的美景，还注重运用具有童真童趣的语言描绘秋天典型景物的特点。编者有意识地调动多重感官观察秋天，向学生介绍秋天的美。这种美并非千篇一律，为学生的表达提供了丰富样例。

二、项目情境任务

创设真实的情境，才能让学生在积极的语言实践活动中形成并运用关键能力。特色校本课程——主题研究课，也是一份好资源。三年级开展以"为学弟学妹介绍校园"为主题的研究课，带领学生在校园中不断探索，成语石、连廊、百种植物……校园的秋色吸引着每一个学生，他们用眼睛观察和发现校园秋天的足迹。

基于此，我们将大单元核心目标的达成融入学生喜爱的活动之中，设计了表现性任务——探寻秋色，用文字为秋天"留影"。

任务发布："自古逢秋悲寂寥，我言秋日胜春朝。"在不同作者的眼中，金秋美景各不相同，但都表达了对秋天的喜爱之情。在你的眼中，秋色是什么样的呢？让我们一起探寻秋色，以眼睛为相机，以文字为相纸，把秋天的美留在心中，留在笔端！"咔嚓"，我们出发，一起为秋天"留影"吧！

三、学习目标

核心目标	成果表现	素养表现	评价指标	
			能力层级	具体描述
学习运用多种方法理解难懂词语、有新鲜感词句的意思，表达对秋天的喜爱。	探寻秋色，用文字为秋天"留影"。	1. 识字与写字	知道	
			理解	
			做到	
		2. 阅读与鉴赏	知道	能结合已有的学习经验，总结理解难懂词语的方法。
			理解	能联系上下文、借助生活积累，理解新鲜词句的意思。
			做到	能综合运用各种方法理解难懂的词语，感受作者的情感。

核心目标	成果表现	素养表现	评价指标	
			能力层级	具体描述
		3. 梳理与探究	知道	能积累与秋天有关的词语，感受秋天的美好。
			理解	能通过联系上下文、生活、想象，欣赏美好的景物。
			做到	能发现作品中的优美词句，并根据需求进行摘录，同时记录自己的感受。
		4. 表达与交流	知道	能乐于分享自己看到的秋天美景及学校生活中的见闻和感受。
			理解	能留心观察秋天的景色，从不同方面发现其特别之处，选择一两处用有新鲜感的词句进行表达。
			做到	能用积累的语言材料，特别是有新鲜感的词句，借助图片或实物描述秋天的景物或画面，并在习作中尝试运用。

四、项目评价

（一）成果评价

评价项目	评价内容	超出成功标准	满足成功标准	接近成功标准
秋天影集	讲一讲	1. 喜欢与同伴分享自己发现的秋天景色。 2. 能借助绘画、文字等形式讲述见闻，说出自己的感受。	1. 能够与同伴分享自己发现的秋天景色。 2. 能用简单的语言讲述见闻，有自己的想法。	1. 有分享自己发现的秋天景色的愿望。 2. 尝试着说出自己的见闻。

评价项目	评价内容	超出成功标准	满足成功标准	接近成功标准
秋天影集	读一读	1. 喜欢阅读描绘大自然的文章，愿意把美好的词句段抄写下来。 2. 正确、流利、有感情地朗读课文。	1. 能够阅读有关大自然的文章，圈画文中美好的词句段。 2. 正确、流利地朗读课文。	1. 能够阅读有关大自然的文章。 2. 正确朗读课文。
	写一写	1. 观察生活，愿意把观察到的景色记录下来。 2. 能够抓住秋天特有的事物，在表达景物之美时，运用抄写的词句，让读者感受到秋天的美。	1. 观察生活，能够把观察到的景色记录下来。 2. 抓住秋天较有代表性的事物，用自己的语言表达喜爱秋天的情感。	1. 尝试着把观察到的秋天景色记录下来，语言通顺、完整。 2. 能够抓住秋天的事物，尝试着表达对秋天的喜爱之情。

（二）能力评价

评价设计紧紧围绕"探寻秋色，用文字为秋天'留影'"这一核心任务展开，分别从"探寻秋色"和"文字留影"两个维度进行评价。在不同的学习阶段，结合相应的学习重点和能力培养点，教师设计了上述评价标准。同时，结合自评、他评、师评，更加客观、全面地对学生进行评价。在分享交流阶段，结合评价表的汇总情况，评出"最美秋景""最美镜头""独特选材""最佳表达"等不同奖项，旨在激发学生继续用文字记录秋色的热情，丰富自我表达。

五、项目实施

（一）提出问题

在一、二年级时，学生学习了有关秋天的课文，校本课程也编排了由"秋天"构成的主题板块，使得学生具有一定的文字积累和情感认知。一年一度的校园"秋收节"，更是丰富了学生的生活体验。

学生开始尝试用文字记录秋天的景色。然而，从随笔本上可以看出，很多学生的感官角度是单一的，写秋天就只写自己看到的秋天景色，描写落叶、果实的学生占比达到 40%；有的学生语言表达比较泛化。对于三年级的学生来说，刚刚开始学习习作，个性化表达确实有一定的困难。

学生虽然在一、二年级的学习中能够初步运用多种方法了解词语意思，但在自主灵活运用各种方法上还存在困难。在闯关练习中，通过对年级全体学生理解的正确率进行统计，我们发现，学生对于词句只停留在记忆或浅层次理解阶段，不能将其与真实情境对应。同时，学生的语言表达还不够丰富。

（二）项目准备

本单元语文要素之一是"运用多种方法理解难懂的词语"。针对这一语文要素，教材根据学生的认知发展规律，给出了循序渐进的设计安排。根据教材编排不难发现，学生在第一学段已经学习了借助图画、查字典、联系上下文、联系生活经验等了解词语意思的方法，本单元是在此基础上的延伸和提升。综观本册教材，有三个单元都有学习理解词句意思的内容。一、二年级中，学生已经学习了了解词语意思的方法，而在三年级旨在巩固和提升，从而提高学生解释词语的能力。同时，将其迁移运用，为后续理解关键语句和一段话打下了坚实的基础。

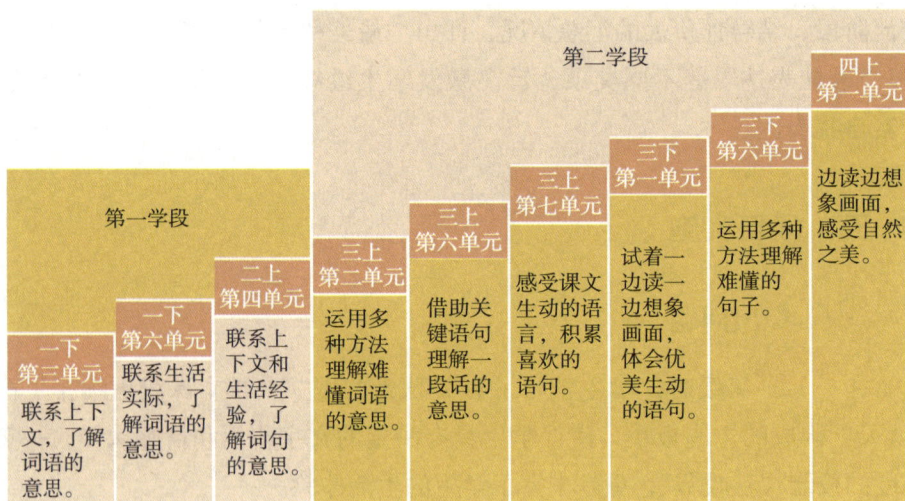

第二学段

第一学段

一下
第三单元
联系上下文，了解词语的意思。

一下
第六单元
联系生活实际，了解词语的意思。

二上
第四单元
联系上下文和生活经验，了解词句的意思。

三上
第二单元
运用多种方法理解难懂词语的意思。

三上
第六单元
借助关键语句理解一段话的意思。

三上
第七单元
感受课文生动的语言，积累喜欢的语句。

三下
第一单元
试着一边读一边想象画面，体会优美生动的语句。

三下
第六单元
运用多种方法理解难懂的句子。

四上
第一单元
边读边想象画面，感受自然之美。

本单元《古诗三首》侧重引导学生借助注释理解古诗中难懂的词语；《铺满金色巴掌的水泥道》侧重引导学生运用联系上下文、结合生活实际等方法理解词语；《秋天的雨》引导学生用不同的方法理解词语的意思；《听听，秋的声音》引导学生自觉运用以上方法；"交流平台"引导学生总结理解词语的方法，进一步提升学生的认识；"词句段运用"的第二题则侧重实践运用练习。

习作要求是"写日记"。日记是三年级习作起步练习的重要形式，旨在引导学生留心观察生活，初步积累生活经验，梳理表达的素材，养成用文字记录和表达自己发现的好习惯。日记里边可以写什么？怎么写？本单元不仅安排了例文，引导学生了解写日记的好处、可以写的内容，以及基本格式，还在两篇课文的助学系统中安排了两次小练笔，均是学生日常留心观察所得，完全可以成为学生写日记的素材。学生在赏读美文的过程中，要不断积累语言表达的经验，在交流的过程中主要聚焦对词语的理解，体会不同词语的表达效果及作用。教师也要引导学生学习作者细致观察生活的态度。

《铺满金色巴掌的水泥道》

🎵 朗读课文。把你喜欢的句子抄写下来。
　　　　　　　　　　　　　　　　　　　　在体会、理解的基础上抄写（积累）。

🎵 下面加点的词语你是用什么方法理解的？和同学交流。
　◇ 啊！多么明朗的天空。
　◇ 它们排列得并不规则，甚至有些凌乱。
　　　　　　　　　　　　　　　　　　　　在理解词语意思的基础上，知道如何运用和运用的好处。联系生活实际尝试运用。

📝 小练笔
　　"铺满金色巴掌的水泥道"，多美的发现啊！你在上学或放学路上看到了什么样的景色？用几句话写下来吧。

📖 阅读链接
　　从我家到小学要经过一条大街，一条曲曲弯弯的巷子。我放学回家喜欢东看看，西看看，看看那些手工作坊、布店、酱园、杂货店、爆仗店、烧饼店、卖石灰麻刀的铺子、染坊……我到银匠店里去看银匠在一个模子上整出一个小罗汉，到什器厂看师傅怎样把一根竹竿做成笆箅的样子，到车匠店看车匠用硬木车旋出各种形状的器物，看灯笼铺糊灯笼……百看不厌。
　　　　　　　　　　　　——选自汪曾祺的《自报家门》
　　　　　　　　　　　　　　　　　　　　继续运用方法理解词语意思，通过比较阅读了解不同写法，打开思路，写好"小练笔"。

《秋天的雨》

🍁 有感情地朗读课文。背诵第2自然段。

🍁 课文从哪几个方面写了秋天的雨？和同学交流你最感兴趣的部分。

🍁 想象一下，秋天的雨还会把颜色分给谁呢？照样子写一写。

> 它把黄色给了银杏树，黄黄的叶子像一把把小扇子，扇哪扇哪，扇走了夏天的炎热。

联系生活实际理解句子意思，**发现表达特点**，体会表达效果，在此基础上进行**仿写**。

（三）总体安排

探寻秋色，用文字为秋天"留影"

子任务一 以眼睛为相机，寻身边秋景	→	子任务二 以课文为相册，赏文中秋景	→	子任务三 以文字为相纸，书心中秋景

了解单元学习任务；学习"日积月累"，积累词语；发现秋色之美，口头交流美景。

《古诗三首》诵秋诗，赏秋景

借助注释理解诗句；知道以典型景物写秋色。

《铺满金色巴掌的水泥道》赏寻常小路，用美言写美景

运用联系上下文、结合生活实际等方法理解词语；写校园路上看到的景色，梳理方法。

《秋天的雨》《听听，秋的声音》赏缤纷秋姿，多感官学美言

运用联系上下文等多种方法理解词语；边读边想象画面，调动多感官，仿写句式赞秋色。

结合素材，书写片段；小组交流，全班分享。

启动 "单元学习单" （发现美景）	补充 "单元学习单" （积累语言）	丰富 "单元学习单" （运用语言）

多种方法理解词语，感受秋天的美好，表达对秋天的喜爱

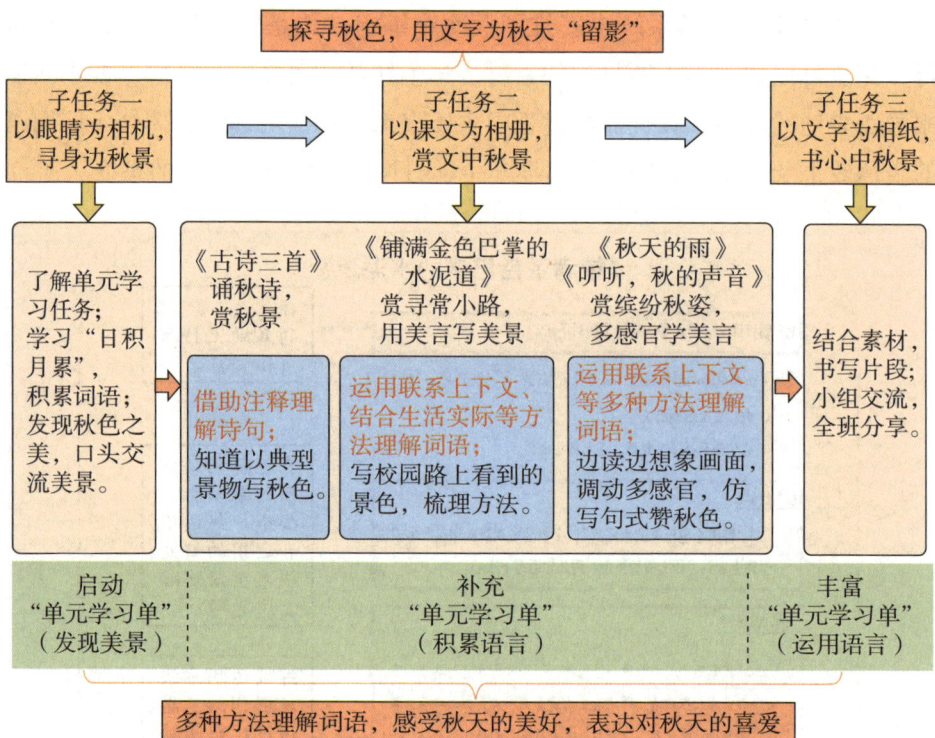

在上述单元框架中，我们可以看到单元主题就是让学生"探寻秋色，用文字为秋天'留影'"。在此之下，有三个子任务，分别是"以眼睛为相机，寻身边秋景""以课文为相册，赏文中秋景""以文字为相纸，书心中秋景"。

在每一个子任务之下，又有若干个具有一定逻辑关系的学习活动来支撑。

（四）具体过程

子任务一：以眼睛为相机，寻身边秋景

活动要求：学生了解本单元的学习任务，启动"单元学习单"；学习"语文园地"中的"日积月累"，积累词语；探寻校园秋色，发现秋色之美，并口头交流。

1.启动"单元学习单"，发现金秋美景。

学生先借助单元起始页，了解本单元的学习任务。接着，教师谈话导入，启动"单元学习单"，引导学生以照片、绘画、实物等形式记录自己眼中的"秋色"，并将其粘贴在学习单上，配上简单的文字说明。

2.口头交流美景。

子任务二：以课文为相册，赏文中秋景

学习活动一：诵秋诗，赏秋景

侧重借助注释理解诗句，通过"霜叶""荷尽"等符合时令的典型景物，引导学生在头脑中形成画面。

学习活动二：赏寻常小路，用美言写美景

欣赏《铺满金色巴掌的水泥道》一文中寻常小路上的秋景，侧重联系上下文猜测陌生词语的意思。学生将捕捉到的美景用文字写下来，为校园石阶小路"留影"。

学习活动三：赏缤纷秋姿，多感官学美言

1.回顾任务，入秋景。

通过前两课的学习，我们知道用文字为秋天"留影"，不仅可以"留下"最具特点的景物，还可以和寻常路上的秋景"合影"呢！今天，我们跟随美学大师陶金鸿一起感受她眼中的秋之韵、景之美……

（1）整体回顾。

请同学们打开课本第19页，轻声朗读课文，回忆你用文字为哪些景物"留影"了？

预设：我为五彩缤纷的秋景"留影"了。我为丰收的果实"留影"了。我为准备过冬的小动物"留影"了！

（2）情境导入。

秋天的雨，让我们看到了秋天的颜色，闻到了秋天的气味，听到了秋天的声音。我们就跟着秋天的雨，用自己的眼睛、鼻子、耳朵欣赏这一幅幅"文字照片"吧！

2. 聚焦文字，为秋色"留影"。

默读课文，想一想你对哪些秋色最感兴趣？圈画自己喜欢的词句，和同学交流自己的感受，再来读一读。

（1）运用多种方法想象画面，感受缤纷秋景图。

学生汇报朗读并交流感受，老师相机指导。

预设一：我看到了黄色的银杏叶、红色的枫叶、金黄色的田野、橙红色的果树，以及紫红的、淡黄的、雪白的菊花。

预设二：我看到了省略号，说明菊花仙子还有很多颜色呢！

（2）想象动态画面，结合情境朗读，感悟缤纷色彩。

同学们，原来秋天的色彩那么丰富！你看，文字特别神奇，不仅能为色彩"留影"，还能拍下更灵动的情景呢！读一读课文，你又看到了什么，感受到了什么？

预设一：我看到一阵秋风吹过，黄色的银杏叶随风舞动，好像真的像一把把小扇子，扇啊扇，一下子就凉快了。

预设二：我仿佛看到一片片枫叶化为一枚枚邮票，飘啊飘，飘到了很远的地方，告诉人们秋天来了！

教师引导学生调动多重感官，感受文字赏秋色：我们继续用文字为秋天"留影"吧！其实我们不仅可以用眼睛看、用鼻子闻，还可以用嘴巴尝一尝，感受更加丰富的秋景！

预设：我看到了柿子树上结满又大又圆的果实，一个挨着一个，真是你挤我碰。它们想让人们尝尝香甜的味道！

引导：难怪苏轼说"最是橙黄橘绿时"，秋天真是个丰收的季节！

（3）借助泡泡语，梳理方法。

①"五彩缤纷"是第1自然段中很关键的词语，借助泡泡语，你能说说对"五彩缤纷"的理解吗？

预设：颜色不仅丰富，而且鲜艳明亮，画面是动态的，互相呼应。

②像"五彩缤纷"表示颜色的词语，我们还可以说——五光十色、五颜六色、五彩斑斓等。

小结：我们理解的"五彩缤纷"比词典上的更丰富，就是运用了联系上下文、结合生活经验等方法，让文字在脑海中"活"起来，真正理解了"五彩缤纷"的意思。

（4）积累背诵。

3. 走向生活，赞秋韵。

（1）拓展思维，说秋色。

在你为秋色"留影"时，秋天的雨还把什么给了谁？想开去，说出来。

秋雨把_____给了_____，_____。

（2）学生落笔写在银杏叶上，全班赏读。

看，一片片银杏叶，一句句动人的文字，一个个令人欣喜的发现，把更加丰富多彩的秋天带到我们的教室里，让秋的氛围更加浓郁。

4. 多种感官，品秋意。

过渡：让我们继续漫步在美丽的秋雨中为秋天"留影"。

（1）感受秋收的香气。

学生汇报朗读并交流感受，老师相机指导。指名读。

预设："勾"在日常生活中常指衣服被什么勾到、拽住，这里是小朋友的脚被水果的香味勾住。

（2）感受动植物的秋趣。

（3）阅读第7课《听听，秋的声音》。

小结：今天，我们通过联系上下文，结合自己生活中的所见、所闻、所感，感受到了秋天五彩缤纷的美。希望同学们在今后的阅读中能运用今天学习到的方法，留心生活，用心体会，继续以眼睛为相机，为秋天"留影"。

学习活动四：补充单元学习单

由课内阅读走向课外阅读，补充"单元学习单"，通过这样的对话，进一步丰富学生的审美体验。

子任务三：以文字为相纸，书心中秋景

学习活动一：结合素材，书写片段

学生再次回到生活中欣赏秋色，借助"单元学习单"，整合照片、课文、积累的好句段、课后小练笔等学习资源，确定用文字为秋天"留影"的视角，独立完成。

学习活动二：小组交流，全班分享

小组交流提出建议，修改自己的习作并评价。在班级展示台上展示学生的作品。

六、项目成效

在每个学习任务之下，我们对"单元学习单"进行了整体设计，将其作为撬动课堂的支点，起到贯穿整个单元学习的作用。"单元学习单"，既是学习资料，也是发展性作业；既是活动准备，也是学习成果的体现。

单元整体构架从横向看，从核心任务出发，子任务之间层层递进，前一个任务为后一个任务作准备，后一个任务是前一个任务的进阶；从纵向看，学习活动支撑子任务，各个子任务共同服务于核心任务的达成和核心素养的培养。"单元学习单"贯穿单元学习始终，在每个学习阶段起到不同的作用，既有侧重点和明确目的，又是一个有机整体，服务于整个单元学习活动。

七、项目反思

本单元教学设计对"聚焦核心素养，打造高效学习课堂"的思考可以体现在以下几点：

1.在真实学习情境中，帮助学生学有所获。根据真实需求，依托"用文字为秋天‘留影’"的真实情境，将语文课程与学校活动结合起来，引导学生在实际任务中积累、梳理学习资源，表达对秋天的喜爱，从而达成了教学目标，解决学生的真实需求。

2. 在课堂活动过程中，促进学生思维进阶。设计"用文字为秋天‘留影’"这个主任务，旨在让学生在学习文本的基础上，调动生活和阅读经验，达成理解、积累与表达的有机整合，从而完成思维的进阶，助力学生思维品质的发展，打造提质增效的课堂。

3. 在积极的语言实践中，提高学生的审美情趣。学生通过感受、理解、欣赏、评价语言文字，获得较为丰富的审美体验，形成初步的感受美、发现美，以及运用语言文字表现美、创造美的能力。

北京第二实验小学　王超

课例 8

智建童话角

——三年级上册第三单元教学设计

一、项目简介

腹有诗书气自华，最是宁静能致远。为落实"双减""五项管理"，且为学生创设良好的读书氛围，我们开展了"智建童话角"语文项目式学习。

"智建童话角"是整合统编版语文教材三年级上册第三单元"童话世界"相关内容的项目式学习实践。在项目中，学生面临的挑战是学会读童话。为此，三年级语文教研组的老师精心策划，制订了详细的活动方案：阅读童话——童话故事人人爱，推荐童话——制作童话故事推荐卡，参加童话故事会——讲童话故事、创编童话故事。通过以上活动，各班建立了自己的童话角。学生们在此次活动中，了解了童话的组成要素，学习了阅读技巧，培养了想象能力，感受了童话世界的美好。

二、项目情境任务

在奇妙的童话王国里，小蝌蚪四处找妈妈，小壁虎着急地向别的动物借尾巴，雪孩子和小白兔在一起嬉戏玩耍，王子和公主过上了幸福的生活……在那里，一切都有可能发生，一切妙不可言。

童话是大家都很喜欢的一种文学形式，每位同学都有自己喜欢的童话故事。同时，童话故事也是小学生必读的经典著作，教师要引导学生阅读童话

故事，感受童话故事的无奇不有。在阅读时，要发挥想象，充分领略童话的
无穷魅力。

如果我们化身童话创作家，会创作出什么样的童话？在进入新的单元
时，我们就开启了这个挑战，想一想作为童话创作家，如何创作一篇自己喜
欢的童话？

学生最终以个人为单位完成一篇童话故事创作，教师将全班同学的作品
制作成童话合集，展示在班级童话角。

三、学习目标

核心目标	成果表现	素养表现	评价指标	
			能力层级	具体描述
感受童话故事想象神奇的无穷魅力，体验故事中的真善美。	建立班级童话角。	1. 识字与写字	知道	
			理解	
			做到	
		2. 阅读与鉴赏	知道	能够正确、流利、有感情地朗读童话，初步了解童话内容。
			理解	能借助提示语、标点符号、关键词，把自己融入故事中，体会人物的心情。
			做到	能对人物作出简单评价。
		3. 梳理与探究	知道	能借助故事顺序、关键词、路线图讲述故事的主要内容。
			理解	交流印象深刻的部分，说出童话丰富的想象力体现在哪里。
			做到	会用阅读记录卡简单记录阅读轨迹，主动积累、梳理、整合语言文字，在读中思，在思中悟。

核心目标	成果表现	素养表现	评价指标	
			能力层级	具体描述
		4.表达与交流	知道	能复述童话，在分享童话阅读感受和作品时，清晰地表达观点。
			理解	能借助教材提示的内容，发挥想象，理解童话的表达特点。
			做到	编写童话故事，能尝试运用修改符号自主修改，能按照要求完成作品修改。

各活动目标见下图：

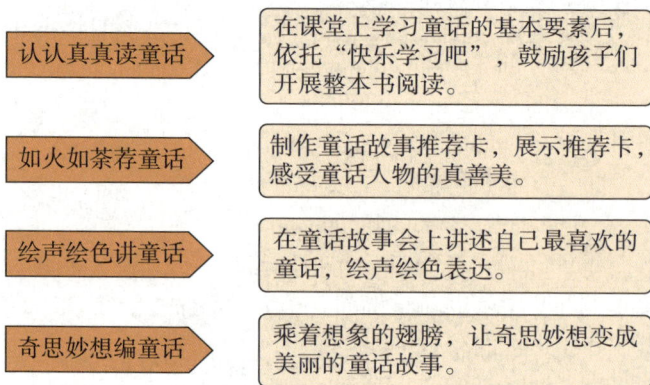

认认真真读童话	在课堂上学习童话的基本要素后，依托"快乐学习吧"，鼓励孩子们开展整本书阅读。
如火如荼荐童话	制作童话故事推荐卡，展示推荐卡，感受童话人物的真善美。
绘声绘色讲童话	在童话故事会上讲述自己最喜欢的童话，绘声绘色表达。
奇思妙想编童话	乘着想象的翅膀，让奇思妙想变成美丽的童话故事。

四、项目评价

（一）成果评价

针对项目开展，教师制定两线并举的评价标准。重视学生成果，让学生体验成功的愉悦感，同时也关注参与过程的评价，促进学生学会学习，学会合作，不断反思，从真正意义上提高自己。

超出成功标准	满足成功标准	接近成功标准	远未达到成功标准
符合所有成功标准，并能自主选择词语，展开合理想象，编一个童话故事。所编童话逻辑清楚，想象丰富合理，童话形象符合真善美的标准。	1. 能借助故事顺序、关键词、路线图讲述故事。 2. 交流印象深刻的部分，说出童话丰富的想象力体现在哪里。 3. 能使用一些词语简单概括童话中的人物形象，并完成阅读推荐卡。 4. 根据教材中提供的词语，任选三个，现场接龙编故事。	至少满足成功标准中的3条。	满足成功标准中的1~2条。

（二）能力评价

三年级学生正处于具体形象思维向抽象思维过渡的阶段。一方面，他们非常喜欢生动的形象、鲜艳的色彩，喜欢一系列神奇的变化；另一方面，他们的抽象思维正在发展，想象丰富不受限制，开始有自己的见解和看法，并乐于积极表达。如何借助课文的教学，引导学生将头脑中的想象较为准确地表达出来，也是我们的教学目标。所以，想象力的培养和激发是教学的起点，也是终点。为此，我们从以下方面设置了对学生能力进行评价的标准。

项目	满足成功标准	接近成功标准	远未达到成功标准
参与度	全程积极参与、高度配合、认真思考，并为项目出谋划策。	全程积极参与、高度配合、认真思考。	参与不够积极、配合度不够高、思考不够认真。
沟通交流能力	文明地进行人际沟通和社会交往，用口头或图文等方式表达自己的见闻和想法，做到有礼有节，有不同的意见能很好地协商。	能进行人际沟通和社会交往，较好地用口头或图文等方式表达自己的见闻和想法。	不能很好地进行人际沟通和社会交往，不能很好地用口头或图文等方式表达自己的见闻和想法。
实践能力	实践能力强，能够亲自参加项目制作，同时大力宣扬源远流长的中华优秀传统文化。	实践能力较强，能够亲自参加项目制作。	实践能力不够强，不能亲自参加项目制作。

五、项目实施

（一）提出问题

大家最喜欢的童话是什么？什么样的故事可以被称为童话？一个童话创作家应该具备什么样的能力？在项目开始前，老师提出三个问题引导学生进行分享和讨论，将话题与学生已有的经验连接，引发学生的兴趣，导入主题。而后由老师提出挑战：童话是大家都很喜欢的一种文学形式，每位同学都有自己喜欢的童话故事，如果我们化身童话创作家，会创作出什么样的童话？我们即将迎接这个挑战，试试作为童话创作家，创作一篇自己喜欢的童话。

围绕驱动性问题，引导学生思考作为童话创作家，需要先有哪些知识储备，由此协商出后续要完成的子任务。

（二）项目准备

1. 知识与能力构建的准备。

学生以教材中的四篇文章为阅读素材，通过精读和略读结合的方法分析童话文章的特点，感受童话丰富的想象，并练习阅读的技巧。

《卖火柴的小女孩》与《在牛肚子里旅行》两篇精读文章侧重点不同，教师提供的学习支架也不同。在《卖火柴的小女孩》语篇阅读中，教师提供图表框架，学生以合作交流的方式进行阅读思考，梳理故事主题脉络，发现故事中的联系。在《在牛肚子里旅行》的学习中，学生通过读讲结合的方式学习，通过故事路线图梳理并了解故事，通过分角色朗读感知情绪，通过故事复述边讲边演感知情感，从而感受科学童话丰富的想象力。略读的文章则采取让学生自学的形式，借助学习提示中的问题展开思考。

在语文学科项目式学习中，教材内容可以是项目过程中的素材资料，也可以运用不同的策略引导学生自主探索。这与平时的语文教学最大的不同是，学生阅读文章有了一个真实的驱动性目标，即需要为成为童话创作家储备知识，为后续创作作准备。

2.准备好童话方面的书籍，借助经典童话，引领学生感受童话的神奇，感悟故事中的真善美。

3.准备好剪刀、卡纸、彩笔等工具，为学生制作童话推荐卡作准备。

（三）总体安排

本项目实施分为三大任务：阅读童话——童话故事人人爱，推荐童话——制作童话故事推荐卡，参加童话故事会——讲童话故事、创编童话故事。各任务内容看似独立，又有内在联系，紧扣主题，以提高学生的语文素养。此外，每个任务需要在充分阅读童话故事的基础上进行。每个任务完成时间为一周左右，整个项目持续1个月。

本项目式学习作为一项课外书阅读成果的体现及升华，采取的是一种以童话故事为载体、以学生为中心来设计执行项目的教与学的方式，与本单元"快乐读书吧"中的中外童话故事联系紧密。它强调在活动前的一段时间内，引导学生认真阅读《安徒生童话》《稻草人》《格林童话》等课外书，以喜欢的方式记录童话故事，为项目式主题活动作好铺垫。

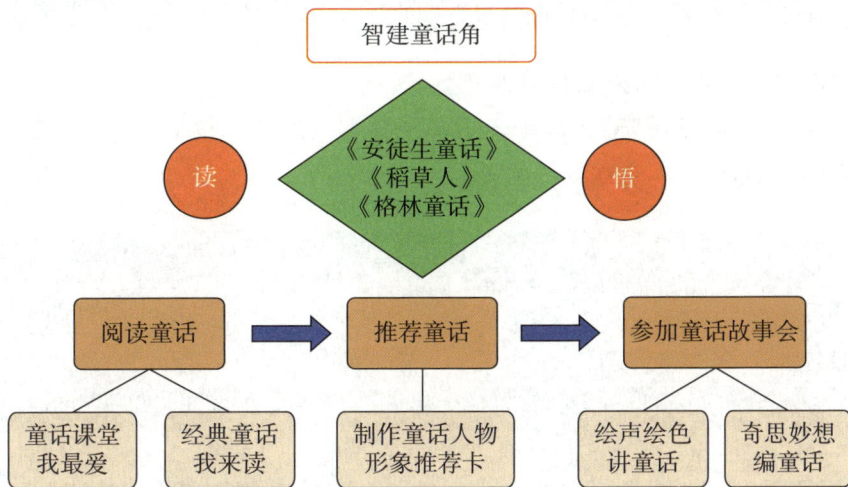

（四）具体过程

子任务一：阅读童话——童话故事人人爱

学习活动一：童话课堂我最爱

三上第三单元是"童话"单元，充满了神奇的想象。根据课文特点，教师巧借表格、思维导图等方式进行教学，学生通过学习，感受童话神奇曲折的故事情节和优美活泼的文本语言。

童话课文	鲜明的童话人物形象	精彩的童话情节	生动的童话语言
《卖火柴的小女孩》	可怜的、饥饿的小女孩	五次擦燃火柴出现美好的幻想（情节反复）。	幻景的场景描写。
《那一定会很好》	心怀梦想的种子	四次美好的愿望（情节反复）。	要是……那一定会很好。
《在牛肚子里旅行》	勇敢的红头、克服困难的青头	旅行线路推动故事（随地点变化发展故事）。	红头和青头的对话。
《一块奶酪》	以身作则的蚂蚁队长	蚂蚁队长的矛盾心理（随人物心态变化发展故事）。	蚂蚁队长细致的心理、动作描写。

学习活动二：经典童话我来读

依托"快乐学习吧"，鼓励学生开展整本书阅读。教师上好导读课，学生梳理基本要素后，分享阅读感受。

阅读任务单			
阅读书目			
故事名称	时　间	地　点	角　色
事　情			
阅读评价	自　评	☆☆☆☆☆	
	他　评	☆☆☆☆☆	

子任务二：推荐童话——制作童话故事推荐卡

学习活动：制作童话人物形象推荐卡

教师推荐童话读物，学生大量阅读，选择自己喜欢或印象深刻的故事人物，从人物简介、人物外貌、性格特点、主要事迹等方面作简单的人物分析；绘制童话人物的形象，并装饰人物形象推荐卡。

子任务三：参加童话故事会

学习活动一：绘声绘色讲童话

1.赛前筹备，充分感受童话的魅力。

（1）广泛阅读《安徒生童话》《稻草人》《格林童话》等课外书，选择最喜欢的童话故事，把自己想象成童话中的主人公，和故事中的人物一起欢笑，一起悲伤。

（2）思考：如何更好地把握故事的主要内容，如何从语气、仪态、动作等方面讲好一个童话故事？

2.班级初赛，绘声绘色讲故事。

以"参加童话故事会"活动为契机，在学生充分阅读童话故事的基础上，了解故事情节。选择自己最喜欢的童话故事进行小组讲童话故事比赛，每组选出1~2人参加班级复赛，每班选出1~2人参加年级决赛。

3.年级决赛，展示童话英雄人物精神。

拟定主题评价标准，选取评委。学生以抽签形式决定上场顺序，把自己想象成童话故事中的主人公，绘声绘色讲述童话故事，感受童话故事的特殊魅力。

在项目式学习过程中，学生通过阅读童话故事，感受了童话故事的魅力，把自己想象成主人公，绘声绘色讲故事，和故事中的人物一起欢笑，一起悲伤。虽然在初赛的时候部分学生显得有点稚嫩，但是经过班级复赛和年级决赛，学生真正意义上感受到了童话故事中的神奇想象，也学到了讲好故事的方法和技巧，促进了语文核心素养的提高。

学习活动二：奇思妙想编童话

学生正式进入童话创作阶段，创编自己喜欢的童话。在这个过程中，教师与学生再次回顾童话的特点——在童话故事中动物、植物也能开口说话。写一篇童话需要考虑的要素包括人物、时间、地点、事件，那么一篇好的童话故事是什么样的？教师与学生共同协商好童话故事的评价标准。

面对童话，每个学生都有自己的想法，让学生运用学到的方法及利用所读故事中的人物形象继续创编童话。可以用同一个故事中的人物形象来创编，也可以用多个故事中的人物形象来创编。

三年级学生在创作层面还需要更多的支持，老师可以提供问题支架和小妙招指示，帮助学生进行创作。

1. 问题提示。

（1）故事里有哪些角色？

（2）事情发生在什么时间？是在哪里发生的？他们在那里做什么？他们之间发生了什么故事？

2. 小妙招。

（1）可以将提供的词语自由交叉，形成多样的组合。

（2）写完以后小声读一读，看看句子是否通顺。还可以试着给故事加一个题目。

故事编好以后，读给组内同学听，由小组推选出一篇最有意思的，再由小组代表把故事读给全班同学听。

在学习课内一系列童话、阅读《安徒生童话》《稻草人》《格林童话》等的基础上，学得阅读童话的方法，要求学生将学到的知识内化后运用，以读促写，以写悟读，在写作中进一步了解童话的特点，感受故事人物的品格，促进思维发展与提升。

六、项目成效

（一）提升了学生的综合素养

本项目围绕主题"智建童话角"，开展了三个相关的学习任务，旨在培养学生阅读的乐趣，促进学生有效阅读童话故事，形成多元化阅读成果，以提高学生的语文核心素养。

1. 培养读书乐趣，初识童话故事。童话故事是孩子们喜欢的文学体裁之一，其神奇的想象、曲折的情节、丰满的人物形象都深受学生喜欢。本项目旨在让学生更好地感受童话神奇的想象，领略故事中的真善美，学习主人公的好品质……这是快乐阅读的体验，更是学生应该具备的文学素养。

2. 设置三大任务，养成良好读书习惯。本项目的三大驱动性任务紧扣活动主题"智建童话角"，层层推进，从不同方面提高学生的语文素养。在阅读大量童话故事的基础上，学生绘声绘色讲童话故事，一笔一画勾勒心中的童话人物形象，把脑海中的童话故事用笔写下来……这一系列活动取得了较好效果，给学生种下一颗阅读的种子，教给学生阅读方法，激发学生的阅读兴趣。

3. 多学科整合，提高语文核心素养。学生在大量阅读童话故事的基础上，感受童话故事中的人物命运。选择一个印象最深的童话人物，与美术老师合作，依托美术课制作童话人物形象推荐卡。在此环节，语文与美术学科整合，文学美与艺术美融合，学生的审美能力在不断提升。

（二）形成了独具特色的文化月项目

结合"双减"，基于学科特点，学校开展每月一学科文化月活动，在实践中寻找学科方向。三年级教师在立足语文教材的基础上，结合"快乐读书吧"推进整本书阅读等综合性学习活动项目顺利开展。此项目为学生搭建了一个阅读童话故事的平台，三个学习任务的驱动，不断激励学生阅读、交流、表达、创造，形成了内容丰富、形式多样、行之有效的课外阅读项目群。

（三）改变单一课堂教学方式，构建多元化教学

本项目的实施，改变了过去单一的教学方式，通过交流学习、讨论式学习和实践性学习，实现了学习方式的丰富多元；跨学科整合，更是"双减"政策下创造性地优化作业设计的体现。

七、项目反思

本项目的开展，使学生在教师的不断激励和活动指引下，阅读童话，交流童话，创造童话，感受童话丰富的想象，有利于语文核心素养的提升。

1. 搭建阅读平台，体验读书乐趣。教材中的整本书阅读怎么实施，怎么落实？本项目结合"双减"政策，将语文教学方式推向多元化、深入化。通过三大学习任务的推进，学生在阅读中把自己融入故事，主动交流、表达，层层深入去体会童话中神奇的想象，提高了讲述故事的能力。在阅读中，学生感受童话中生动、鲜明的人物形象，查阅人物的评价语言，对故事中主人公的形象进行再创造。创编童话是阅读的延续和再创造，让阅读写作升华。三大学习任务紧扣主题，各有特色又联系紧密，促进学生阅读的同时，提高学生综合素养。

2. 张扬个性，合作创新。本项目实施过程中，学生阅读童话，每个人都有自己的理解，互相分享交流，这是一个从个性到共性再到创新的过程。三大学习任务，学生可以根据自己的特长，发展自己的特色，人人参与，又各有分工，既可以合作完成作品，又有自己独立的思考，极大地调动了学生的积极性，构建了多维的学习模式。

3. 设置奖项，调动兴趣。本项目式学习落实了"双减"政策，精简优化作业设计，避免了琐碎、重复的练习，调动了学生的学习兴趣。每项活动

都有目标要求，完成后都有评价和奖励，极大地调动了学生参与活动的积极性。奖状奖励的颁发，使学生体验了成功的喜悦，点亮了阅读的心灯，提高了整个语文学习的积极性，丰富了学习生活。

四川省乐山市通江小学　刘燕、罗淑平

课例 9

童话为何如此迷人

——三年级上册第三单元教学设计

一、项目简介

本项目围绕"童话为何如此迷人"这一主题，依据课程标准对小学阶段阅读能力和综合素质的培养要求，发挥童话在儿童教育中的独特作用。

首先，选择经典童话，引导学生进入充满想象力的世界，激发他们的阅读兴趣和好奇心。其次，在阅读中进行故事情节和角色的分析，帮助学生理解并接受勇气、善良、友谊等价值观。再次，鼓励学生在理解童话的基础上进行创编活动，培养他们的创造力和表达能力。最后，介绍不同文化背景下的童话，促进学生对多元文化的理解和共鸣。

项目成果为形成创编指南和多维度的评价机制，关注学生的阅读理解能力、创作能力和价值观认知。通过本项目的学习与探究，我们期望学生能够发现童话之美，享受阅读童话的乐趣，并在此基础上进行创编，提升他们的综合素质和创造力。

二、项目情境任务

在一所充满活力与创意的小学，校长决定启动"校园里的童话世界"项目，为学生营造一个充满童话元素的校园环境，并鼓励学生积极参与到这一奇妙的童话世界创建中。该项目旨在通过童话故事的魅力和丰富的想象力，激发学生的创造力和想象力，同时培养他们的阅读兴趣和批判性思维。

三年级学生将扮演"童话小使者"的角色。作为"童话小使者"，学生将负责在校园内推广童话故事，帮助其他同学更好地理解和欣赏这些故事，并在课堂上分享自己最喜欢的童话故事及自创的童话，进行童话剧的表演。

三、学习目标

通过这个项目，学生能够深入地体验童话的魅力，发现童话中丰富的想象力，并在参与项目的过程中，锻炼自己的表达能力、团队合作能力，从而完成童话的创编。

核心目标	成果表现	素养表现	评价指标	
			能力层级	具体描述
运用想象力来构建奇幻的世界、创造独特的角色，解决问题。	分享童话、创编童话、表演童话剧。	1. 识字与写字	知道	
			理解	
			做到	
		2. 阅读与鉴赏	知道	知道有哪些童话人物。
			理解	理解童话为何吸引人。
			做到	能通过故事反复的情节变化，感受童话丰富的想象，并依据变化整理故事情节，复述故事。
		3. 梳理与探究	知道	能了解童话故事中的主题、情节和角色。
			理解	能理解童话故事中的深层含义。
			做到	能对童话故事中的角色提出自己的见解和评论。
		4. 表达与交流	知道	乐于分享喜欢的童话故事。
			理解	能设计创编童话故事需要的元素。
			做到	能运用想象力和创造力进行童话创编。

四、项目评价

本项目共分为六个阶段，每个阶段都有相对应的学生要解决的关键问题。阶段一：童话是什么？阶段二：童话有哪些类型？阶段三：如何创编童话？阶段四：最终的公开展示要以何种方式呈现？阶段五：童话剧的内容与表现方式是什么？阶段六：成果展示如何规划与执行？各阶段对应的成果及过程性评价方式如下：

阶　段	阶段成果	学生要解决的关键问题	过程性评价
阶段一	根据统编版语文教材三年级上册第三单元，尝试完成KWL表①中的K和W。	童话是什么？	KWL表中的K和W。
阶段二	1.根据统编版语文教材三年级上册第三、四单元，以及课外补充阅读的童话，对童话进行分类。 2.能够分辨所阅读的文本是否为童话。 3.完成KWL表中的L。	童话有哪些类型？	1.KWL表中的L。 2.项目式学习的批判性思维评价量规。
阶段三	1.设定个人创编童话的组成要素和构思故事大纲。 2.完成故事创编。	如何创编童话？	个人成果：创编童话故事。
阶段四	设计项目公开展示的形式。	最终的公开展示要以何种方式呈现？	项目式学习的协作能力评价量规1。
阶段五	呈现创编的童话剧。	童话剧的内容与表现方式是什么？	团队成果：拍摄一部童话剧。
阶段六	成果展示的执行与反思。	成果展示如何规划与执行。	项目式学习的协作能力评价量规2。

---

① KWL表是一种常用的学习工具，主要用于帮助学生组织和记录他们在学习新主题时的知识。KWL中的"K"指"Know"（已知），"W"指"Want to know"（想知道），"L"指"Learned"（已学）。

项目式学习的批判性思维评价量规				
评价项目	满足成功标准	接近成功标准	远未达到 成功标准	自评 / 互评 / 师评
启动项目： 分析驱动性 问题并着手 调查	我可以解释我需要 知道什么才能回答 驱动性问题。	我可以确定我需 要知道的一些事， 以便能够回答驱 动性问题。	我无法解释我需 要知道什么才能 回答驱动性问题。	
	我可以解释不同的 人可能会如何思考 驱动性问题。	我可以理解他人 可能对驱动性问 题有不同的看法。	我仍然需要学习 他人是如何以不 同的方式思考驱 动性问题的。	
	我可以对我们的受 众或目标用户的需 求提出很多问题。	我可以对我们的受 众或目标用户的需 求提出一些问题。	我仍然需要学习 对于我们的受众 或目标用户的需 求该如何提问。	
建构知识、 理解力与技 能：搜集并 评估信息	我可以利用不同来 源的信息来帮助回 答驱动性问题。	我可以使用不同 来源的信息帮助 回答驱动性问题， 但可能无法将它 们整合。	我仍然需要学习 如何利用不同来 源的信息来帮助 回答驱动性问题。	
	我可以判断自己获 取的信息是否相 关、充足。	我会思考自己获取 的信息是否相关、 充足，但并非总能 仔细决定。	我仍然需要学习 如何思考我的信 息是否相关或是 否充足。	
发挥创意， 开发作品并 予以修正： 使用证据和 标准	我可以解释作者或 演讲者如何使用理 由和证据来支持一 个观点，并以此帮 助自己回答驱动性 问题。	我可以找出作者 或演讲者用来支 持观点的一些理 由和证据。	我仍然需要学习 如何识别作者或 演讲者用来支持 一个观点的理由 和证据。	
	我可以解释如何确 定一个产品创意或 对驱动性问题的回 答是否是一个好 想法。	我可以分辨出一 个产品创意或对 驱动性问题的回 答是好的，但并 非总能说出原因。	我仍然需要学习 如何确定一个产 品创意或对驱动 性问题的回答是 否是一个好想法。	
	我可以利用其他同 学和成人的反馈意 见来改进我的写作 或作品设计。	我有时可以利用 其他同学和成人 的反馈意见来改 进我的写作或作 品设计。	我仍然需要学习如 何利用其他同学和 成人的反馈意见来 改进我的写作或作 品设计能力。	

评价项目	满足成功标准	接近成功标准	远未达到成功标准	自评/互评/师评
展示作品和对驱动性问题的回答：合理选择	我能够以合理的顺序解释自己的想法。	我可以解释自己的想法，但有些想法的顺序可能不对。	我仍然需要学习如何以合理的顺序解释自己的想法。	
	我可以使用适当的事实和相关细节来支持自己的想法。	我可以使用一些事实和细节来支持自己的想法，但它们并非总是适当和相关的。	我仍然需要学习如何使用适当的事实或相关细节来支持自己的想法。	

注："自评/互评/师评"方面，满足成功标准 3 分，接近成功标准 2 分，远未达到成功标准 1 分。下同。

项目式学习的协作能力评价量规 1				
评价项目	满足成功标准	接近成功标准	远未达到成功标准	自评/互评/师评
制定并遵守团队约定	我们就团队如何一起工作达成约定。	我们尝试讨论团队如何一起工作，但不制定协议。	我们需要学习讨论团队该如何一起工作。	
	我们遵循讨论、决策和解决冲突的规则。	我们通常遵循讨论、决策和解决冲突的规则，但并非总是如此。	我们需要学习如何遵循共同讨论、决策和解决冲突的规则。	
	我们诚实地讨论约定的遵守情况，并在不遵守约定的情况下采取适当措施。	我们有时会讨论约定的遵守情况，但当约定没有得到遵守时，需要老师的帮助来采取适当的措施。	我们需要学习讨论团队约定的遵守情况。	

评价项目	满足成功标准	接近成功标准	远未达到成功标准	自评/互评/师评
组织工作	我们创建详细的任务列表，在团队中平等地分配项目工作。	我们创建了任务列表，将项目工作分配给团队成员，但可能没有详细说明，也没有严格遵守。	我们没有创建任何任务列表就开始工作。	
	我们制定时间表，并跟踪目标和最后期限的进展情况。	我们制定了执行任务的时间表，但没有严格遵守分配的角色，或者只选了一个"领导"来作出大部分的决定。	我们需要学习如何制定时间表、跟踪目标和最后期限的进展情况。	
	我们根据团队成员的优势来分配角色。	我们尝试根据团队成员的优势来分配角色。	我们需要学习如何分配角色。	
	我们有效地利用时间和组织会议，并把材料、草稿、笔记整理好。	我们通常会很好地利用时间和组织会议，但偶尔可能会浪费时间；我们会保留我们的材料、草稿、笔记，但并不总是整理得井井有条。	我们需要学习如何利用时间和很好地组织会议，并整理我们的材料、草稿和笔记。	
作为一个完整的工作团队	我们认可并利用每个团队成员的特殊才能。	我们尝试利用团队成员的特殊才能。	我们需要学习如何认可或利用团队成员的特殊才能。	
	我们作为一个团队提出想法和创造产品；单独完成的任务要提交给团队以获得反馈。	我们分别完成大部分的项目任务，最后再把它们整合到一起。	我们需要学习如何作为一个团队来做这个项目。	

评价项目	满足成功标准	接近成功标准	远未达到成功标准	自评/互评/师评
	项目式学习的协作能力评价量规 2			
承担责任	我为团队的工作作好了准备；我研究了所有需要的材料，并在讨论中使用这些材料来探讨观点。	我通常为团队讨论作好准备并加入团队讨论。	我需要准备和参加团队讨论。	
	我不用别人提醒就能完成项目工作。	我能做一些项目工作，但有时需要人提醒。	我需要有人提醒我做项目工作。	
	我能按时完成项目工作。	我能够按时完成大部分项目工作。	我的项目工作没有按时完成。	
	我会利用他人的反馈意见来改进我的工作。	我有时会利用他人的反馈意见。	我需要学习如何利用他人的反馈意见。	
协助团队	我帮助团队解决问题和管理冲突。	我与团队协作，但不能帮助其解决问题。	我需要学习如何与团队合作、协助团队解决问题。	
	我通过遵守商定的规则、提出和回答问题、清楚地表达想法来进行有效的讨论。	我通常会帮助团队进行有效讨论，但并不总是遵循规则、提出明确的问题或清楚地表达想法。	我需要学习如何使讨论变得更有效。	
	我向他人提供有用的反馈。	我向他人提供反馈，但不总是有帮助。	我需要学习如何提供给他人有用的反馈意见。	
	如果需要的话，我愿意帮助别人完成他们的工作。	如果别人需要，我有时会主动帮助他们。	我需要学习在别人需要时主动帮助他们。	

评价项目	满足成功标准	接近成功标准	远未达到成功标准	自评/互评/师评
尊重他人	我对队友很有礼貌，且态度友善。	我通常对队友很有礼貌，态度和蔼。	我有时对队友不礼貌或不友善（可能会打断别人说话，忽视别人的想法，伤害别人的感情）。	
	我倾听其他观点，并友善地提出不同意见。	我通常会倾听其他观点，并友善地提出不同意见。	我需要学习如何倾听其他观点，并友善地提出不同的意见。	

五、项目实施

（一）提出问题

作为"童话小使者"，学生该如何在校园内推广童话故事？如何帮助其他同学更好地理解和欣赏童话？如何创编童话？如何进行童话剧的表演呢？

（二）项目准备

补充童话相关阅读书籍、学习单、讨论工具图、规划工具图、纸张等。

（三）总体安排

本项目共分为六个阶段，每个阶段包括时间安排、阶段成果、学生要解决的关键问题及过程性评价。

（四）具体过程

入项准备

学习活动一：组建小组，讨论小组公约

提醒组员在讨论时应遵守"互相给予反馈的三条原则"，并使用正向积极的语言对组员进行反馈。

互相给予反馈的三条原则

友善的
kind

具体的
specific

有帮助的
helpful

学习活动二：挑战"一句话童话故事接龙"的游戏

教师提供一个童话故事的开头句，将其作为接龙的起点。学生按照座位顺序，轮流用一句话续接内容。

接龙时，可参考提供的句型，确保句子连贯且富有创意。

> 很久很久以前……
> 每一天……
> 突然有一天……
> 因为……，所以……
> 最后……
> 这个故事告诉我们……

阶段一：童话是什么（1课时）

学习活动一：小组讨论

围绕童话主题，填写 KWL 表中的 K 和 W 部分，记录已知信息和想了解的问题。各小组上台分享讨论结果，并参考其他小组的分享，进一步完善和充实自己的 KWL 表。

关于童话的 KWL 表		
K: 关于童话，我知道什么?	W: 关于童话，我想学什么?	L: 关于童话，我已经学会了什么?

学习活动二：掌握童话的要素

　　利用第三单元已经学过的《卖火柴的小女孩》《那一定会很好》《在牛肚子里旅行》和《一块奶酪》，将文本内容利用故事山的形式进行横向对比，寻找异同之处，掌握童话的要素。以《卖火柴的小女孩》为例，分析小女孩每次点亮火柴时的愿望和火柴熄灭时的希望破灭，感受作者的想象力。引导学生梳理故事情节，发现童话结构中的共性特征，如目标、阻碍、努力和结果。学生分享对比分析的结果，讨论童话故事的共性特征。再次检视 KWL表中的 K 和 W 部分，讨论是否需要补充新的内容。

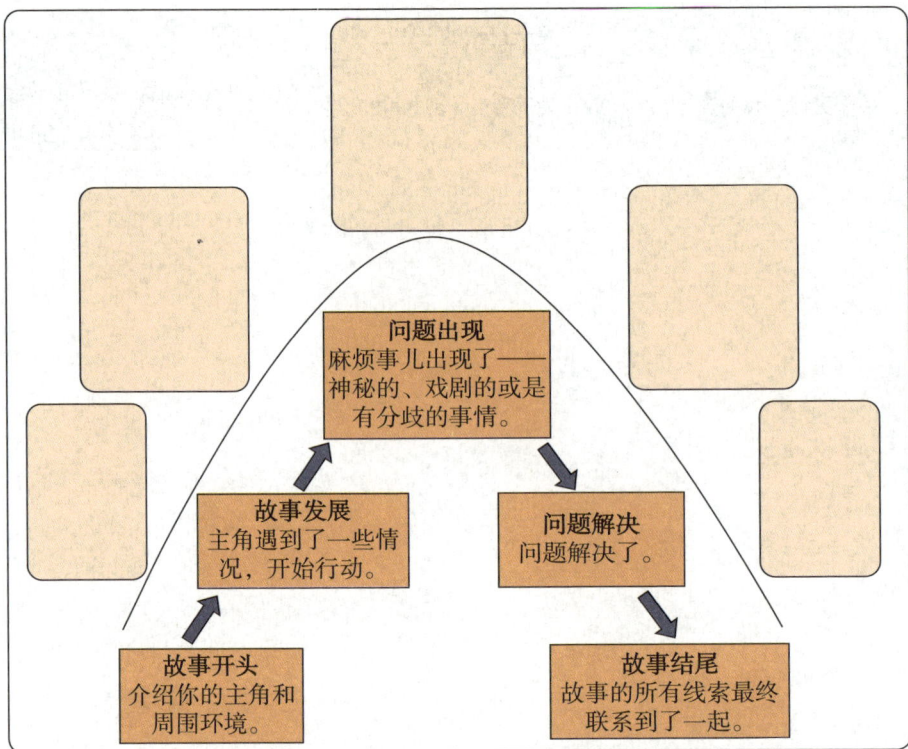

问题出现
麻烦事儿出现了——神秘的、戏剧的或是有分歧的事情。

故事发展
主角遇到了一些情况，开始行动。

问题解决
问题解决了。

故事开头
介绍你的主角和周围环境。

故事结尾
故事的所有线索最终联系到了一起。

学习活动三：课后阅读

课后阅读《安徒生童话》《格林童话》《稻草人》及其他童话书与绘本。

阶段二：童话有哪些类型（1课时）

学习活动一：讨论童话分类方式

小组讨论童话分类方式，并将说明及分类结果记录在下表中。

分类方法	分类说明	可分成的类型
分类方法 1	（Who）	
分类方法 2	（When）	
分类方法 3	（Where）	
分类方法 4	（What）	
分类方法 5	（Why）	
分类方法 6	（How）	

学习活动二：问题分类

每组学生将"我还想知道什么"的问题写在一张便条纸上。然后，全班按照"5W1H"（Who，When，Where，What，Why，How）方法对这些问题进行分类。接着将问题重新整理为"（童话）是什么""为什么（要写童话）"和"怎么做（创编）"。

学习活动三：比较童话异同

回忆第三单元和第四单元的课文《卖火柴的小女孩》《那一定会很好》《在牛肚子里旅行》《一块奶酪》《总也倒不了的老屋》《小狗学叫》和《胡萝卜先生的长胡子》的故事内容，比较七个童话的异同后，进行小组讨论，并完成 KWL 表中的 L。

学习活动四：将已学课文依照内容进行分类

复习一下、二上和二下语文课本中出现过的童话课文，将已学课文依照内容进行分类，然后小组讨论。

学习活动五：阶段反思

利用"项目式学习的批判性思维评价量规"进行阶段反思。教师逐项说明该量规的评价内容，请学生根据自己的学习情况及表现完成自我评价并记录。

阶段三：如何创编童话（2 课时）

学习活动一：采访家人

采访家人最喜欢的童话、最喜欢的情节和最害怕的情节，完成记录单后，跟全班分享自己的采访内容。

访问日期：＿＿＿＿＿＿
小记者：＿＿＿＿＿＿

被访问者：＿＿＿＿＿＿＿＿
1.最喜欢的童话是：＿＿＿＿＿＿＿＿，因为＿＿＿＿＿＿＿＿。
2.最喜欢的情节是：＿＿＿＿＿＿＿＿，因为＿＿＿＿＿＿＿＿。
3.最害怕的情节是：＿＿＿＿＿＿＿＿，因为＿＿＿＿＿＿＿＿。

学习活动二：利用学习单进行阶段性反思

回顾自己第一次撰写童话时的感受。在翻阅学习记录的同时，回想自己学习过程中的体验。反思自身学习中值得表扬的部分，以及需要进一步努力和加强的方面，并向组员提供积极的反馈和鼓励。

> 我是 _____。
> 第一次写童话的时候，我觉得 _____。
> 第二次拟大纲的时候，我觉得 _____。
> （写出自己觉得有进步的地方）
> 第三次拟大纲的时候，我觉得 _____。
> 我想表扬我自己 _____。
> （觉得自己在哪方面表现好，如学习态度、构思童话、小组讨论、伙伴互助……）
> 在学写童话的过程中，我觉得我自己 _____。
> 我需要再努力的是 _____。
> 我想表扬 _____（同组的伙伴），因为 _____。

学习活动三：从运动鞋的视角练习创编童话

请学生以运动鞋的视角练习创编童话，即以"小白鞋的运动会"为题，记录学校的运动会。完成后，先由家长对学生进行鼓励与反馈，学生再相互进行评价与提出建议。

学习活动四：从文具的视角创编童话并小组讨论

个人展示：请学生以"学习"为主题，从文具的视角来创编童话。完成后，先请家长对学生进行评分，再请同学评价和提出建议。

学习活动五：小组讨论创编童话的类型

团队展示：小组讨论创编童话的类型，提议主题、设计要素并构思大纲，再共同决定主题及大纲。

创建一个角色 _____　　提供一个地点 _____
故事发展 _____。
提出一个问题 _____。
设计一个结尾 _____。

开　始	经　过	结　尾

学生的初步构思：

想想是一名刚进入一年级的小学生，他发现小学与幼儿园有很大不同，这让他对小学生活感觉有点儿害怕。

请学生发挥想象力，以童话的形式，共同创编校园中不同场景下可能会遇到的各种情况，从而帮助想想更快了解和适应小学生活。

阶段四：最终的公开展示要以何种方式呈现（1课时）

学习活动一：讨论展示的形式
使用脑力激荡图，讨论整体成果展示形式。

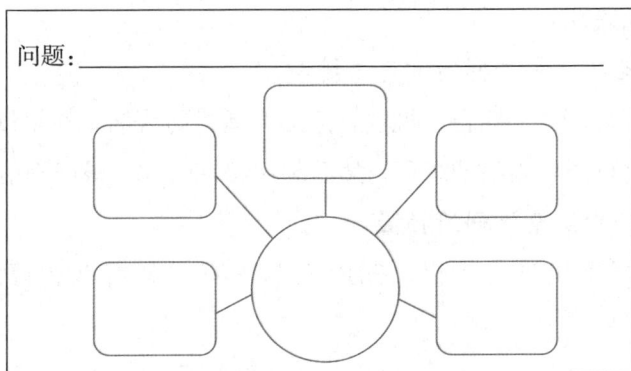

问题：_____

学习活动二：评估可行性

评估各种整体成果展示形式的可行性，使用"是的，而且……"的句式对提出想法的组员进行反馈，并提出具体的建议。

学习活动三：阶段反思

利用"项目式学习的协作能力评价量规 1"进行阶段反思。教师逐项说明评价内容，请学生根据自己的学习情况及表现完成自我评价并记录。

阶段五：童话剧的内容与呈现方式是什么（2 课时）

学习活动一：童话剧的内容

学生们想象了一名刚进入一年级的小学生想想的经历。由于小学生活与幼儿园有很大不同，想想对小学生活感到有些恐惧。幸运的是，想想拥有许多神奇的文具。当想想遇到在课堂上听不懂内容、用餐时不清楚流程、下课时跌倒受伤、与同学发生纠纷、放学时家长未及时来接等情况时，这些神奇的文具都会协助他，陪伴他一起学习如何面对和处理各种状况，帮助他愉快地适应小学的校园生活。

学习活动二：共同拍摄一部剧

在讨论童话剧的表现方式时，学生首先分析了各自拍摄一部剧与全班共同拍摄一部剧的优缺点，并讨论了可能需要的设备和各类工作人员。经过深入讨论，决议全班共同拍摄一部剧。考虑到场地、设备、工作人员和时间等因素，最终学生决定以布偶剧的形式呈现童话，仅进行声音表演，暂时舍弃肢体和表情的表演。

学习活动三：童话剧的练习与排演

学生依据分配到的角色，挑选合适的布偶进行表演。在早读时，对有故事性的课文进行声音表演的练习，然后利用课余时间，根据剧情进行排演。

学习活动四：童话剧的拍摄

学生利用手机进行拍摄，完成一部既有趣又富有教育意义的布偶童话剧。

阶段六：成果展示如何规划与执行（1课时）

学习活动一：决定整体成果展示的形式、规划与时程

全体学生讨论和决定整体成果展示的形式、规划与时程，并完成展示计划表。

展示计划表	
我们的展示是关于什么的？	
谁是我们的观众？	
我们想让观众知道、感受到什么或者做什么？	
我们的展示要怎样开始？	
我们展示的中间部分是什么？	
我们的展示要怎样结束？	
我们要怎么展示或怎么做才能让它充满乐趣？	

学习活动二：邀请好朋友模拟观众的角色

在正式展示之前，邀请好朋友模拟观众的角色，根据他们的反馈进行相应调整。

学习活动三：阶段反思

利用"项目式学习的协作能力评价量规2"进行阶段反思。教师逐项说明该量规的评价内容，学生根据自己的学习情况及表现完成自我评价并记录。

六、项目成效

通过本次项目式学习，学生深刻认识到了童话故事中丰富的想象力及其对学习和生活的重要性。在学习过程中，学生不但发展了想象力，增强了批判性思维，更提升了团队协作能力和个人的艺术修养。

想象力的培养：通过本次学习，学生深刻认识到童话故事中充满了丰富的想象力。在分析和讨论过程中，学生不仅理解了童话故事的情节和主题，还学会了如何运用想象力来创造新的故事。这种想象力的培养对于学生的学习和生活都具有重要意义。

批判性思维的发展：在分析和讨论阶段，学生需要对童话故事进行深入的思考和分析。这个过程不仅锻炼了学生的批判性思维能力，还让他们学会了如何从不同角度看待问题。这种思维方式对于学生的全面发展具有积极的促进作用。

团队协作能力的提升：学习过程中，学生需要进行小组合作和讨论。这个团队协作的过程不仅锻炼了学生的沟通能力，还让他们学会了如何与他人合作解决问题。这种团队协作能力对于学生未来的学习和工作都具有重要意义。

个人艺术修养的提升：布偶童话剧的排演和拍摄充满挑战，学生不仅学到了许多宝贵的声音表演经验和技能，还深刻体会到了艺术的魅力，提升了个人的艺术修养。

未来可以将童话教育与其他学科结合，如将童话中的美德教育与道德与法治课程结合，将童话中的科学知识与物理、科学课程结合等。这样不仅可以丰富学生的学习内容，还可以提高他们的学习兴趣和积极性。

七、项目反思

我们围绕"童话为何如此迷人"进行了一系列探索和学习。回顾这段旅程，深感收获颇丰，同时也意识到了一些值得反思的地方。

首先，思维导图虽然可以作为教师备课、教学的重要工具，但如何引导学生，如何基于学生所提出的问题来推动项目进程，这都是需要不断思考的内容。

其次，在项目实施过程中，如何激发孩子们主动探究，调动他们探究的兴趣，这也是一项挑战。我们希望通过一系列教学设计，让学生自己控制和影响整个项目的推进，而不是跟着老师的思路在前进，这对老师引导和提问的能力提出很高的要求，需要在不断尝试和错误中吸取经验。例如，如果孩子们想要挑战学习科普类的童话，可以引导他们在生活中发现素材，他们就会产生"因为觉得有趣，所以我想挑战尝试创编童话"的主动心态，以此取代"要写给别人看，所以才创编童话"的被动心态。

最后，即使采用了布偶童话剧的形式，还是需要学生在排演过程中不断调整布偶的动作，使其更加符合角色的设定和剧情的发展。学生需要具备丰富的想象力和创造力才能顺利完成表演，这不但考验学生的表演技巧，也非常需要耐心和毅力，建议之后可以多留出一些练习的时间。

浙江省嘉兴市南湖区世合实验学校　王昭文

课例 10

述说我们心中的鲁迅

——六年级上册第八单元教学设计

一、项目简介

"述说我们心中的鲁迅"项目式学习，适用于六年级学生。统编版语文教材六年级上册第八单元以"走近鲁迅"为主题，编排了鲁迅的作品《少年闰土》《好的故事》，以及以鲁迅为写作对象的文章《我的伯父鲁迅先生》《有的人》，文体涉及小说、散文与诗歌。本单元还为学生推荐鲁迅的散文集《朝花夕拾》，短篇小说《祝福》《孔乙己》《故乡》等文章，帮助学生从多角度认识鲁迅，了解其文学成就，感知其性格特点，体会其精神境界。通过"我眼中的少年鲁迅""作家鲁迅之'昏沉的夜'""鲁迅先生之'有鲁迅，真好'"三个子任务，学生完成"创建我的鲁迅展"主题任务，最终形成鲁迅展以及为师生进行解说汇报这一可见的学习成果。

二、项目情境任务

同学们，鲁迅先生被称为"民族魂"，他是一个怎样的人？在他的身上，发生了哪些故事？10月，学校要在一层大厅举办鲁迅先生展，诚邀六年级学生设计展览的板块以及内容。请你以语文书第八单元的内容为依据，设计展览，并完成相应的解说内容。可以用文字表述（300字），也可以用示意图表示。

从上面的情境任务中，我们不难发现学生是此任务的策划者、实施者、汇报者。在任务的驱动下，学生阅读第八单元从单元导语到"语文园地"的内容，在解决任务的过程中落实单元语文要素，即借助相关资料，理解课文主要内容，从而突出单元的主题——走近鲁迅。学生以教材为依托，不断积累自己的学习成果（阅读与表达），最终形成汇报展览，推动学习真实发生。

三、学习目标

核心目标	成果表现	素养表现	评价标准	
			能力层级	具体描述
借助课文与相关作品资料，理解课文主要内容，感受鲁迅的人物形象。完成展览解说词撰写，表达对鲁迅先生的爱戴之情。	完成鲁迅展以及相应的解说词。	1.识字与写字	知道	知道 25 个汉字的结构特征，以及笔顺规则。
			理解	理解"家景""幽雅""伽蓝"等词语的意思。
			做到	能用积累的词语描述心中的鲁迅形象。
		2.阅读与鉴赏	知道	知道鲁迅在童年时期、成为作家前后诸多有趣感人的故事。
			理解	理解鲁迅先生对家人、对人民深沉的爱，以及对黑暗社会的极度愤恨。
			做到	能够借助课文以及相关作品正确、全面感受鲁迅的人物形象。
		3.梳理与探究	知道	结合单元内容以及相关资料知道鲁迅展涉及的板块以及解说词的撰写方式。
			理解	理解少年鲁迅、作家鲁迅、鲁迅先生三个板块展览要表达的主旨内涵。
			做到	结合鲁迅展览的三个板块分类、筛选、整合课文以及阅读资料的内容。
		4.表达与交流	知道	知道通过具体事例表达对鲁迅先生的爱戴之情。
			理解	理解借助重要场景可以表达对人物的主观情感。
			做到	借助具体事例以及史实资料完成展览布置和展览解说。

四、项目评价

（一）成果评价

超出成功标准	满足成功标准	接近成功标准	远未达到成功标准
符合所有成功标准，并满足以下两点： 1.有两条以上的理由支持观点。 2.在"我眼中的少年鲁迅""作家鲁迅之'昏沉的夜'""鲁迅先生之'有鲁迅，真好'"三个子任务中有两处以上出彩的表达。	1.列出对鲁迅的评价。 2.至少有两条理由支持对鲁迅的评价。 3.能够使用积累的相关段落、情节介绍鲁迅的作品。 4.在"我眼中的少年鲁迅""作家鲁迅之'昏沉的夜'""鲁迅先生之'有鲁迅，真好'"三个子任务中至少有一处出彩的表达。	至少满足成功标准中的3条。	满足成功标准中的1~2条。

（二）能力评价

超出成功标准	满足成功标准	接近成功标准	远未达到成功标准
符合所有成功标准，并满足以下两点： 1.对鲁迅先生有更加全面的认识，并有继续探究的兴趣。 2.对鲁迅的作品有自己的赏析和评价，并能在解说时有丰富的语言描绘。	1.能简单描述印象最深的场景、细节，说出对鲁迅先生的正确认识，并受到鲁迅及其作品的激励。 2.说清自己对鲁迅作品的观点，并能够在小组中发表自己的意见。 3.能够用语言描绘、表现出心中的鲁迅。 4.尝试解决"述说我们心中的鲁迅"活动中的相关问题。	至少满足成功标准中的3条。	满足成功标准中的1~2条。

五、项目实施

（一）提出问题

鲁迅是 20 世纪的文化巨人，是中国现代文学伟大的奠基者。鲁迅的精神深刻影响着一代又一代的中国现代作家及知识分子，他的身上闪烁着现代中国的民族魂。走近鲁迅就是走近一个时代，就是走近民族精神。但鲁迅的文章写作时代较早，与我们时隔近一个世纪，其表达方式、表达习惯与现代文有所不同，学生在理解上存在一定困难，需教师引导。小学语文教材第三学段一直保留着鲁迅单元，是为了激发学生的民族自信心和自豪感，为学生中学接触鲁迅的大量作品作充分的准备。因此，本项目的学习旨在让学生亲历语言实践活动，拉近与鲁迅先生的距离。

（二）项目准备

教师：需要深研统编教材六年级上册第八单元的内容，通读鲁迅《朝花夕拾》《孔乙己》《故乡》《祝福》等作品，清楚举办展览需要的物品，以及讲解词的撰写方式。

学生：有小组合作学习经验，会撰写讲解词，会搜集和筛选信息。

（三）总体安排

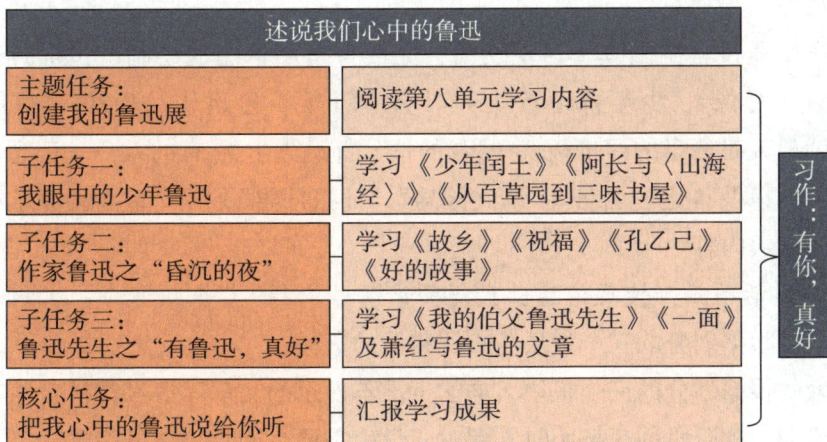

述说我们心中的鲁迅		
主题任务：创建我的鲁迅展	阅读第八单元学习内容	
子任务一：我眼中的少年鲁迅	学习《少年闰土》《阿长与〈山海经〉》《从百草园到三味书屋》	习作：有你，真好
子任务二：作家鲁迅之"昏沉的夜"	学习《故乡》《祝福》《孔乙己》《好的故事》	
子任务三：鲁迅先生之"有鲁迅，真好"	学习《我的伯父鲁迅先生》《一面》及萧红写鲁迅的文章	
核心任务：把我心中的鲁迅说给你听	汇报学习成果	

（四）具体过程

主题任务：创建我的鲁迅展

学习活动一：发布单元学习任务

出示情境任务。

同学们，鲁迅先生被称为"民族魂"，他是一个怎样的人？在他的身上，发生了哪些故事？10月，学校要在一层大厅举办鲁迅先生展，诚邀六年级学生设计展览的板块以及内容。请你以语文书第八单元的内容为依据，设计展览，并完成相应的解说内容。可以用文字表述（300字），也可以用示意图表示。

学生自己阅读第八单元从单元导语到"语文园地"的内容，解决情境任务中的实际问题。

学生交流汇报。

学习活动二：展览分布及分类策划

1. 学生以小组为单位参观展览馆，形成本组鲁迅展的草图。

2. 小组汇报本组展览的分布草图，并阐明本组的思考。

3. 结合本单元呈现的学习内容，设计、修正鲁迅展的分布及分类。

明确举办人物展，至少要具备人物的肖像、基本信息、事迹、有纪念意义的物品。

学生通过自主阅读、讨论交流，完成鲁迅展草图的绘制，包括鲁迅简介板块（肖像）、少年鲁迅板块（《少年闰土》）、鲁迅作品板块（《好的故事》）、他人对鲁迅的评价板块（《我的伯父鲁迅先生》《有的人——记念鲁迅有感》），以及鲁迅的名言（"语文园地""日积月累"）等，基本涵盖了第八单元的学习内容。

学习活动三：搜集信息，广泛阅读

学生根据划分的三个板块，查阅相应的资料。

教师根据划分的三个板块，向学生推荐鲁迅的文章等学习资料。

说明：此阶段的任务用时2课时，学生需要2天时间学习完成。

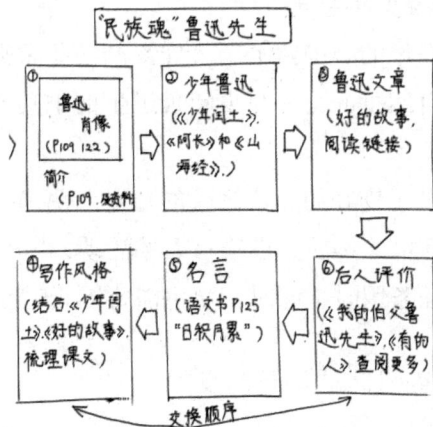

子任务一：我眼中的少年鲁迅

学习活动一：初识少年鲁迅

在设计鲁迅展览的板块时，很多同学涉及了"少年鲁迅"或者"童年鲁迅"这一板块。我们要想完成好这一板块的设计，需要阅读哪些文章呢？

让学生将《少年闰土》《阿长与〈山海经〉》《从百草园到三味书屋》三篇文章进行关联阅读，完成学习任务，初步了解鲁迅的少年生活。

文　章	少年鲁迅
《少年闰土》	向往自由　喜爱植物与昆虫　天真
《阿长与〈山海经〉》	对一切事物都感到好奇　重感情　淘气
《从百草园到三味书屋》	讨厌繁琐的规矩　乐观开朗

学习活动二：比较两个少年的不同

1.在《少年闰土》这篇课文中，两个少年之间发生了哪些故事呢？思考少年鲁迅与少年闰土有哪些不同呢？

启发：再读读两人捕鸟的片段，在对比中，你除了能读出闰土见多识广外，还能读出少年闰土与少年鲁迅的不同吗？

2.学生分角色朗读，体验小鲁迅的好奇心、小闰土的侃侃而谈，感受在鲁迅的心里闰土的勇敢、聪明、能干，以及对于看瓜刺猹的无限向往。

引导：学生深入思考小鲁迅向往的是什么呢？

学习活动三：描绘少年鲁迅

此刻，少年鲁迅在你的心中留下了怎样深刻的印象呢？请仿照《少年闰土》这篇课文的第 1 自然段，写一写少年鲁迅生活中其他有趣的场景（可以描绘课文上的插图）。

教师展示学生写得比较好的和待修改的片段。明确描绘场景时需要先交代清楚时间、地点、环境，然后重点描写人的活动，展开想象和联想。

注明：此阶段的任务用时 1 课时，学生需要 1 天时间学习完成。

子任务二：作家鲁迅之"昏沉的夜"

学习活动一："好的故事"指什么

1.文章以"好的故事"为题，请默读课文，找寻"好的故事"指的是什么。

预设："好的故事"是鲁迅先生一个美丽、幽雅、有趣的梦。

2.介绍鲁迅故乡绍兴水乡的风光，感受那里美的人和美的事，并有感情地读一读。

学习活动二：结合阅读链接，发现"昏沉的夜"的意义

在课文中发现"昏沉的夜"反复出现，请结合阅读链接，理解"昏沉的夜"，体会鲁迅对于美好生活的向往，对于黑暗现实的失望与痛恨。

学习活动三：从鲁迅的小说中找寻"昏沉的夜"

请你将《好的故事》与《故乡》《祝福》《孔乙己》等文章关联阅读，了解作家鲁迅。写一写"昏沉的夜"指的是《故乡》《祝福》《孔乙己》中的什么。

学生交流汇报。

注明：此阶段的任务用时 1 课时，学生需要 1 天时间学习完成。

子任务三：鲁迅先生之"有鲁迅，真好"

学习活动一："三笑一叹"中认识我的伯父

完成这个项目的时候，大多数同学设计了"他人对鲁迅的评价"这一板块。那么，鲁迅在他人眼中是什么样的呢？我们要想完成这一板块，可以读

哪些文章呢?

先来看看鲁迅侄女周晔眼中的他。在与周晔相处的日子里,他总是这样"笑"着。

出示语句,引导思考:你们理解"你想,四周黑洞洞的,还不容易碰壁吗?"这句话的含义吗?你能理解鲁迅这句话后面的叹气吗?结合资料来说说。

学习活动二:有鲁迅,真好

小组合作学习,请每组组长抽签。确定阅读文章(《我的伯父鲁迅先生》第4、5件事,或者《有的人——记念鲁迅有感》《一面》以及萧红写鲁迅的文章),尝试以文中角色的口吻用描写场景的方式写一写"有鲁迅,真好"。

有的学生站在周晔的角度赞扬、缅怀自己的伯父、自己的家人,这样的表达实践不但深化了学生的阅读,更是拉近了学生与鲁迅的情感距离。

有的学生站在其他人的角度来写鲁迅,通过场景描写来表达那个时代的中国是多么需要鲁迅这样的人!

最后,学生深刻理解《有的人——记念鲁迅有感》这首诗歌,全班背诵积累。

注明:此阶段的任务用时1课时,学生需要1天时间学习完成。

核心任务:把我心中的鲁迅说给你听

这个任务是整个项目的核心,对学生来说,也是一个创意和挑战并存的任务。学生需要对前面探究的内容进行梳理总结,重新提取、整合关键信息,分成鲁迅基本信息组、少年鲁迅组、作家鲁迅组、鲁迅先生组,完成自己的板块展出成品。

学习活动一:鲁迅展览分工

学生根据个人优势,选择自己要归属的小组,并在小组长的分配下完成任务。

学习活动二:布展

学生将自己的汇报成果带到学校,在学校一层大厅布展。

学习活动三：解说

各组学生在全班面前进行展览解说，各组学生代表在全年级学生面前扮演小小讲解员进行解说。

六、项目成效

这里引入一段学生的活动记录摘要。

在我们的印象中，像鲁迅先生这样的大文学家都是高高在上的，但阅读了《少年闰土》《从百草园到三味书屋》和《阿长与〈山海经〉》之后，明白了原来少年鲁迅和我们一样是个天真淘气、好奇心强、对自由自在的生活充满向往的少年。

阅读课文《好的故事》时，我们对反复出现的"昏沉的夜"感到非常疑惑。后来，老师推荐我们阅读《故乡》《祝福》和《孔乙己》三篇小说后，我们才恍然大悟，"昏沉的夜"指的不仅是夜晚，它还指当时黑暗的社会。

鲁迅先生在后人眼中是什么样的人呢？在周晔眼中，她的伯父是一个为自己想得少，却为别人想得多的人；在诗人臧克家眼中，他是为人民、为国家无私奉献的人；在有些同学的眼中，鲁迅先生很关心青年人，非常热情好客，是一个无私助人的人。

在项目式学习的过程中，我们深入阅读，积极分享，热烈讨论，在老师们的带领下走近了"民族魂"鲁迅先生，对先生的了解更加全面，同学们觉得收获颇丰，最终呈现了内容丰富多彩的"走近鲁迅"的展览。这样的项目式学习让我们对少年鲁迅、作家鲁迅还有后人对鲁迅先生的评价都有了一定的了解。我认为这会比单独学习四篇课文感受要深刻。

——李馨雨

可见，教师给予学生一定的时间、空间，学生自己想办法运用语文的知识和经验解决问题，自然而然会对鲁迅先生形成正确、全面、深刻的认识。

七、项目反思

本项目是在"述说我们心中的鲁迅"这一主题的引领下展开的，将单元阅读与习作表达统整结合，共同助力学生学习。同时，将鲁迅的多篇文章作为学习资源，在一个个学习活动中锻炼学生的思维能力。这些资源既助力学生开阔阅读视野，又有助于提升学生的表达能力，让学生在多篇鲁迅文章的浸润下，更好地感受鲁迅形象，走进鲁迅的内心世界，感受"民族魂"！整个学习过程凸显以下两个特色：

1. 立足单元，凸显单篇。本项目以单元学习任务为引领，每课时完成特定学习活动，使学生始终享有获得感。每课时在单元整体构思的引领下，学生对鲁迅的认识逐级递增，单元活动任务呈结构化螺旋式上升，较好地实现了单元目标，学生也形成了相应的语文素养。

2. "点拨"与"陪伴"，学习方式发生变革。在项目式学习的过程中，努力实现教与学方式的变革。通过任务驱动让学生充分发挥主动性，教师扮演"点拨"与"陪伴"的角色，引导学生阅读鲁迅的更多文章，为学生今后学习鲁迅的作品播下美好的种子。

在完成项目的过程中，建议进一步完善评价体系，如针对主要学习环节和内容制作评价量表，邀请相关学科教师、家长、社会人士参与评价，这样能更好地发挥评价的指导性，从而实现教、学、评一体化。

北京市朝阳区实验小学　牛小溪

课例 11

制作成长纪念册

——六年级下册第六单元教学设计

一、项目简介

在六年级即将毕业的时候，开展一次有意义的活动，让学生在珍藏记忆、表达情感、祝福未来的同时，综合运用语文知识与技能，促进语文素养的发展；创设情境，激发学生对自我成长的认识，以及对母校、师友的感恩之情。本项目以"制作成长纪念册"为驱动性任务，勾连课堂内外，通过回忆生活、收集素材，挖掘照片背后的故事，分享难忘的回忆。在进行这一系列的项目化活动时，学生综合运用多种信息搜集的方式筛选、整理资料，将六年的校园生活"聚点呈线""连线成面"，制作出一本内容丰富、具有独特纪念价值的成长纪念册，并在毕业联欢会上进行展评。

二、项目情境任务

童年，是梦中的真，是真中的梦，是回忆时含泪的微笑。六年的小学生活，给学生留下了很多难忘的故事，从天真懵懂的幼儿，到即将步入中学的少年，每一段成长的历程都是一个个动人的故事。即将离开生活多年的母校，告别朝夕相处的同学和老师，学生们必定会依依不舍。为了珍藏这份美好的记忆，给母校留下永久的纪念，"制作成长纪念册"是定格美好最直接的方式，把珍贵的点点滴滴都汇集在成长纪念册上。本次活动包括填写时间轴、分享难忘回忆、制作成长纪念册，逐步提升学生各项能力，让学生再次感受小学生活的美好，激发惜别之情。

三、学习目标

核心目标	成果表现	素养表现	评价指标	
			能力层级	具体描述
综合运用多种能力，学习制作成长纪念册。	以班级为单位，展示学生的制作成果，将这份美好停留心间。	1. 识字与写字	知道	
			理解	
			做到	
		2. 阅读与鉴赏	知道	能够正确、流利、有感情地朗读阅读材料，初步了解课文内容。
			理解	能通过故事体会人物情感，理解文章所表达的感情。
			做到	能由书中的老师想到自己的老师，唤醒六年时光的记忆。
		3. 梳理与探究	知道	能通过圈画、摘录等方式，初步掌握成长纪念册的制作方法。
			理解	通过制作成长纪念册这一任务，理解成长的含义。
			做到	了解成长纪念册的基本构成和设计方法，会制作纪念册。
		4. 表达与交流	知道	能乐于分享小学生活中的美好回忆。
			理解	自己个人的成长需要用心记录，同时也要为同学的进步而喝彩。
			做到	能在制作和展示成长纪念册的过程中，拓宽语文学习的内容、形式和渠道，提高综合性学习的能力。

四、项目评价

（一）成果评价

评价项目	超出成功标准	满足成功标准	接近成功标准
填写 时间轴	1.能够按时间顺序梳理资料填写时间轴，恰当使用照片或图画使其具有美观性与创意性。 2.能够声音响亮地把自己的时间轴清楚、具体地说给同学听。	1.能够按照时间顺序填写时间轴，比较清楚、美观。 2.能够条理清楚地把自己写的时间轴介绍给同学。	1.时间轴不够清楚、美观。 2.不能把时间轴说清楚，让人不明白。
分享 难忘回忆	1.能够按一定的顺序，选取最具有代表性的人或事，借助照片、作业等资料全方位分享自己的回忆。 2.声情并茂地讲述自己的回忆，引起大家的共鸣。	1.能够按一定顺序，选取比较有代表性的人或事，分享自己的回忆。 2.有条理、较清晰地讲述自己的回忆。	1.回忆往事时没有顺序，选取的回忆内容也没有代表性。 2.讲述回忆时语言比较枯燥乏味，没有条理。
制作 成长纪念册	1.主题鲜明突出，生动形象地反映了小学生活的难忘，情感真挚。 2.内容丰富，有层次性，条理十分清晰。 3.图文并茂，做到赏心悦目、创意无限。	1.主题较明确，所选材料能反映难忘的小学生活。 2.能按一定的顺序整理分类资料，条理清晰。 3.纪念册有少量的图文资料，有一定的想法。	1.主题含糊，没有小标题，所选材料不典型。 2.资料整理无序，编排比较混乱。 3.只有图片，纪念册比较粗糙。

（二）能力评价

评价项目	优　秀	良　好
制作成长纪念册	1.组建小组学习共同体，在完成特定任务、解决真实问题的过程中，开展多样化的语文实践活动。 2.学习整理、选择和运用资料制作成长纪念册，记录小学生活的美好故事，在发展听、说、读、写等能力的同时，提升合作能力，学会感恩，学会反思和总结。	1.能与同学组建小组学习共同体，根据学习目标进行言语实践活动。 2.基本能根据所选材料进行分类、整合，完成成长纪念册的制作，在此学习过程中学会合作、沟通，提升学习能力。

五、项目实施

（一）提出问题

校园里有同学们长不大的记忆，岁月中有同学们忘不掉的纯真。光阴似箭，六年的小学生活已成为同学们生命中最美好的回忆。离开难忘的母校，同学们会有太多的留恋与不舍。"制作成长纪念册"是定格美好最直接的方式。如何将项目式学习转化为学生的问题需求，使之成为强烈而持久的内驱力？那就需要设计驱动性问题。针对毕业成长的特殊意义与真实需求，设计出"收集、整理、筛选关于自己难忘小学生活的材料，制作一本内容丰富、具有纪念价值的成长纪念册"的驱动性任务。组织学生参与"头脑风暴式"的讨论，通过资料的收集、整理，制作成长纪念册，重拾校园里长不大的记忆，回想光阴中忘不掉的纯真。

（二）项目准备

1.学习经验：运用学过的方法主动收集、筛选、整理资料。

2.学习资源。

（1）《老师领进门》《作文上的红双圈》《如何制作成长纪念册》。

（2）照片、实物、证书、视频等。

3.学习工具：马克笔、A4 纸、勾线笔。

（三）总体安排

结合课程目标和教材内容，将本次项目式学习设计为三个相互关联的子任务和六个学习活动。

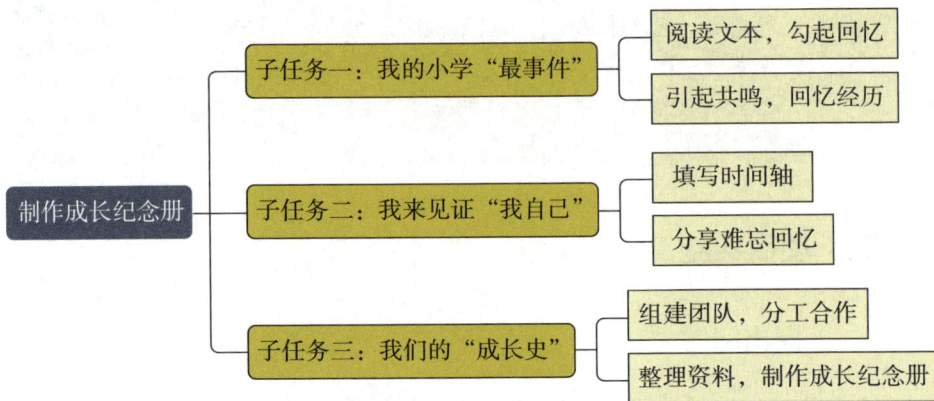

制作成长纪念册
- 子任务一：我的小学"最事件"
  - 阅读文本，勾起回忆
  - 引起共鸣，回忆经历
- 子任务二：我来见证"我自己"
  - 填写时间轴
  - 分享难忘回忆
- 子任务三：我们的"成长史"
  - 组建团队，分工合作
  - 整理资料，制作成长纪念册

子任务一：我的小学"最事件"。这一任务遵循学生发展规律，让学生发动家长一同收集、整理六年来的成长点滴，比如照片、奖状、物件等实物，让他们经历信息的检索、筛选过程。这个过程不仅仅是收集、筛选资料，更是亲子良好沟通、分享的重要机会，进一步凸显了项目式学习对家校共育的促进作用。

子任务二：我来见证"我自己"。这一任务是让学生回忆小学丰富多彩的生活。虽然他们的回忆很多，但同时也是散乱的。因此，这一任务要搭建"时间轴"这个支架，让回忆脉络更清晰，才能更有序地呈现成长轨迹。学生借助时间轴和实物，分享珍贵的回忆。在回忆的过程中梳理信息，同时也锻炼了口语表达能力，用言语或文字定格住难忘的瞬间，而这些瞬间也正是学生们最值得记录到成长纪念册中的内容。

子任务三：我们的"成长史"。项目式学习是对复杂、真实问题的探究过程，也是精心设计项目作品、规划和完成项目任务的过程。学习作品与任务群的设计主体应该是学生，因此，在认真阅读材料后，教师要组织学生集思广益、组建团队、分工合作、整理资料，制作成长纪念册。这一任务旨在培养学生的团结合作意识。

三个子任务的设计，从广度上看，引导学生在语文实践活动中联结课堂内外、学校内外，拓宽了语文学习和运用的领域；从深度上看，学生的思维经历了由外及内、由内到外的过程。无论从广度还是深度，它们都体现了子任务之间环环相扣的逻辑线索。

（四）具体过程

子任务一：我的小学"最事件"

学习活动一：阅读文本，勾起回忆

1. 阅读《老师领进门》《作文上的红双圈》两篇材料，完成表格。

题　目	回忆人物	主要内容	表达的情感	表达情感的方法
《老师领进门》				
《作文上的红双圈》				

2. 由材料中的老师想到自己的老师，唤醒六年时光记忆。

学习活动二：引起共鸣，回忆经历

1. 从记忆中搜寻最新的情景，分享印象最深的老师、同学，可借助课前收集的照片、实物、证书等。

2. 小组成员借助表格回忆经历。

类　别	具体内容	难忘的理由
难忘的……		

1. 情境驱动策略。无论是收集、选择图片，还是收集、整理资料，它们都是在具体的任务情境中展开的。这样的情境创设真实可感，让学生在任务的驱动下，逐步完成本任务的各项活动。

2. 对比阅读策略。让学生用自己喜欢的方式阅读《老师领进门》《作文上的红双圈》两篇文章，在体验不同表达方式的基础上，分析各自表达情感的方法。采用对比阅读策略，有助于学生体会不同的表达情感方法的妙处。

子任务二：我来见证"我自己"

学习活动一：填写时间轴

1. 学生在老师的引导下回忆丰富多彩的小学生活，但由于学生的回忆很多，同时也是散乱的，此时需要搭建"时间轴"这个支架。学生通过填写时间轴让回忆脉络更清晰，才能更有序地呈现成长轨迹。

难忘小学生活

◆追溯时光长廊

六年的小学生活，有太多值得我们细细品味的点点滴滴。你对哪些人或事有着深刻的印象？请提炼关于成长的关键词句，以时间轴的方法梳理。可以梳理在语文课本第99页的"成长树"上，也可以用其他喜欢的方式梳理。

·我上小学啦
2017年9月

2. 通过制作各种形式的创意时间轴，如树形图、时光胶卷、飞盘、小火车等，有序整理成长过程。学生充分展开活动过程，在积极的参与中感知从素材整理到形成成果的过程。

学习活动二：分享难忘回忆

1.学生借助资料，述说回忆，把对自己而言最有意义的东西带到学校，先在组内进行交流，每组再推选一位同学上台分享。在分享回忆的过程中梳理信息，同时也锻炼了口语表达能力。

2.学生填"故事地图"，定格"难忘"。在与同学分享过后，学生要用文字记录下每段难忘的回忆，为成长纪念册的制作铺好路。"故事地图"从时间、地点、人物和事件四个方面入手，用语言文字定格难忘瞬间，而这些瞬间也正是学生们最值得记录到成长纪念册中的内容。

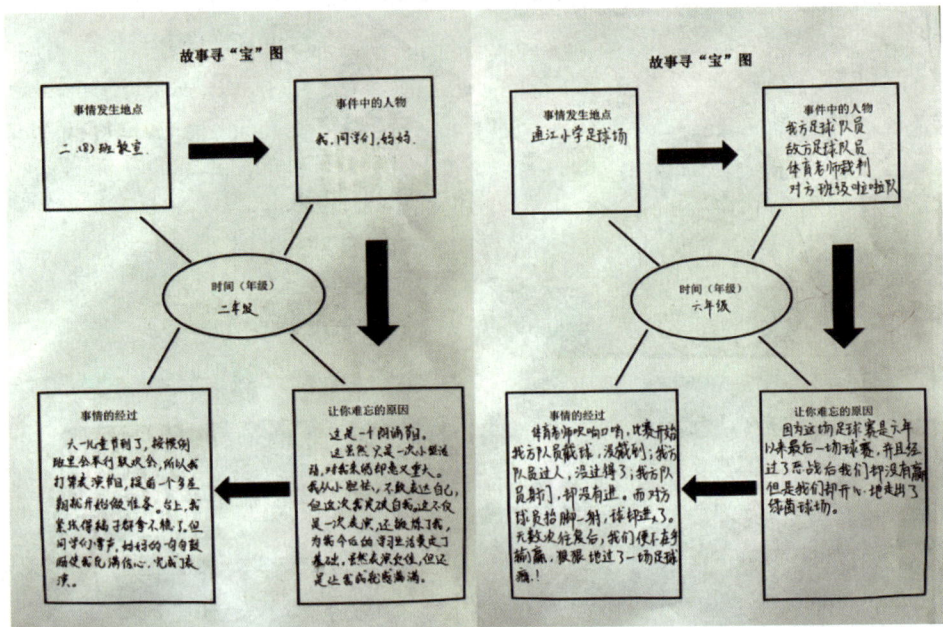

故事寻"宝"图

故事寻"宝"图

3. 让学生运用前面学过的方法整理资料。

◎运用学过的方法整理资料

册次单元	活动主题	语文要素
三下第三单元	中华传统文化	◎收集传统节日的资料，交流节日的风俗习惯，写一写过节的过程。
四下第三单元	轻叩诗歌大门	◎根据需要收集资料，初步学习整理资料的方法。 ◎合作编小诗集，举办诗歌朗诵会。
五下第三单元	遨游汉字王国	◎学习搜集资料的基本方法。 ◎学写简单的研究报告。
六下第四单元	奋斗的历程	◎习作时选择合适的方式进行表达。
六下第六单元	难忘小学生活	◎运用学过的方法整理资料。

子任务三：我们的"成长史"

学习活动一：组建团队，分工合作

1. 项目式学习是对复杂、真实问题的探究过程，也是精心设计项目作品、规划和完成项目任务的过程。在老师的带领下，学生通过汇总各自设定的主题、理念，寻找有关联的主题组建团队，共同制作纪念册。

2. 明确主题后分工合作：纪念册的名字是什么？怎样对制作任务进行分工？获取资料的方式是什么？小组的资料分类方式是什么？想用哪种方式展示自己的成果？通过分组汇报，整合小组学习单。

学习活动二：整理资料，制作成长纪念册

1. 小组分工合作。筛选、分类、整理资料，设计封面，撰写卷首语或成长感言、正文等内容，制作成长纪念册。

2. 全班展示交流。组织学生先在小组中展示，在此基础上，引导学生进行探讨，互相启发，对自己的作品进行修改、加工和充实，做到精益求精，然后在班级中展示。

难忘小学生活

◆ 成长纪念册制作小贴士

跟着这份小贴士用心制作一本成长纪念册，珍藏这段难忘的回忆吧！能干的同学，还可以试着制作电子版的成长纪念册。

选出最能反映你小学生活的具有代表性的资料。	参照语文书第103页，采用编年体、栏目式来进行资料的分类。	1.取一个贴切的名字。 2.设计个性化的封面。	扉页为"卷首语"或"成长感言"，可以自己写，也可以请老师或家长写。	尝试各种方式编排，可以给照片配以简短有趣的文字材料，也可以加小标题。
01 收集筛选	02 资料分类	03 设计封面	04 设计扉页	05 编排正文

"难忘小学生活：制作成长纪念册"
公开成果评价表

团队名称 ＿＿＿＿＿＿＿＿＿＿　　　　得分 ＿＿＿＿＿＿＿

评价维度		评价内容	优秀	良好	一般
制作	封面	封面设计美观、大方。	10	8	6
		给纪念册取一个贴切的名称。	10	8	6
	扉页	"卷首语"语言优美，感情真挚。	10	8	6
	正文	选材典型，内容丰富。	10	8	6
		按一定顺序编排，分类整理。	10	8	6
		各部分有合适的小标题，图片配文简短有趣。	10	8	6
表达		方案介绍详细、清晰、有条理。	10	8	6
		表达流畅，声音响亮，落落大方。	10	8	6
创意		设计有创意（封面、目录、呈现方式等）。	20	16	12

奖项设置：

最佳创意奖（设计创意）1名

优秀展示奖（表达讲解）1名

优秀设计奖（积极参与）4名

六、项目成效

本次项目式学习，综合发展了学生的能力。每个活动都以生为本，结合学科特色，设置差异化的活动任务，让学生都能在活动中提升自己，展现自己。

1. 促进了学生的能力发展。第六单元的语文要素是"运用学过的方法整理资料"。学生在亲历绘制时间轴、分享难忘回忆、制作成长纪念册等一系列活动中，综合运用学过的方法，根据需要收集、筛选、分类、整理资料，并在解决问题的过程中发展想象能力、设计能力、整理和使用资料的能力、表达能力等，促进了语文素养的发展。

2. 培养了学生的情感品质。开展这一系列有意义的项目化活动，是在综合运用语文知识与技能的同时，让学生在即将毕业的时候珍藏记忆、祝福未来，并在互动、践行、呈现的过程中感受小学生活的美好，学会表达情感，学会感恩，学会热爱生活。

3. 调动学生运用多感官参与语文学习。参与学习的感官越多，学习的收获越多。在制作成长纪念册活动过程中，学生调动了多重感官参与语文学习，既做到了用眼、用口、用耳、用心，又做到了动脑、动手、动腿。制作成长纪念册，汇集成长路上的点点滴滴，至少要经过独立思考、合作讨论、策划行动、读写实践等学习环节，除需要人与人的互动外，还要各种感官的配合参与；筛选印象最深刻的人或事，就要获取更多的信息，不管是搜罗各时期的照片记录、视频资料、文字记录，翻阅自己的成长档案袋，还是向父母和老师征集信息，它们都是脑力劳动与体力劳动的相互协作。为了完成制作成长纪念册这项任务，学生调动了经验认知，以言语实践为主体，使用纸、笔、数字计算机等多种辅助工具进行创作。

七、项目反思

《义务教育语文课程标准（2022 年版）》在教学建议中提出："创设学习情境，教师应利用无时不有、无处不在的语文学习资源与实践机会，引导学生关注家庭生活、校园生活、社会生活等相关经验，增强在各种场合学语文、用语文的意识，建设开放的语文学习空间，激发学生探究问题、解决问题的兴趣和热情，引导学生在多样的日常生活场景和社会实践活动中学习语言文字运用。"在本次项目化活动中，教师充分体现了"以学生为主体，以学生发展为本"的教学理念，做到了以下几点：

1. 突出交流。学生已经按照制订的计划开展了项目化活动，且持续了一段时间。教师让各小组汇报活动的收获，展示阶段性成果，体验自主实践活动的快乐，同时为下一阶段的实践活动提供帮助。

2. 突出反馈。在本次项目化活动中，请学生反馈活动过程中遇到的问题与困难，并协助学生找到解决方案。在教师的指导下讨论与修正方案，进一步明确活动方案，确定下一阶段的活动目标。

3. 突出指导。一方面，以合作方法的指导为重点，把目标放在提高每个小组合作的实效性上，尽可能通过合作让每一位学生的个性都得到发展，从而尽量缩小组与组之间的发展差距，最终实现全体学生共同进步；另一方面，指导学生合理利用各项资料，包括阅读材料，从这些资料中获取有用的信息。注意，是指导而不是包办，要充分发挥学生的主体作用。

项目式学习作为综合性学习的一大亮点，需要教师在教学中不断地研究教材，做好活动指导，从而激发学生的学习兴趣，培养学生收集整理资料、听说读写等能力，让项目式学习成为学生一生眷恋的美好课程，一生铭记的学习方式，一生珍藏的成长记忆。

四川省乐山市通江小学　王思、张凤琼

基于整本书

项目式学习教学设计

课例 12

制作"以莲会友伴手礼"

——《一颗莲子的生命旅程》教学设计

一、项目简介

此项目立足统编版语文教材三年级上册第七单元，同时依托绘本《一颗莲子的生命旅程》开展整本书阅读。

项目以开展"品莲交友会"为情境，以制作"以莲会友伴手礼"为任务，下设"初读绘本，讲述莲之生长""品读绘本，欣赏莲之美好""互赠礼物，分享心中之莲"三个子任务。学生通过在生活中赏莲、不同学科中读莲、绘本中品莲，不断丰富对莲的特征、生长、品质、文化等方面的了解和认识，完成"以莲会友伴手礼"的制作，形成可见的学习成果。经过集体交流，确定伴手礼使用美术用纸，剪成扇面、莲花、莲叶等不同的形状，在其正面用图文结合的形式，展现莲的生长过程，在反面用美好的语言写出莲之美。最后，学生在"品莲交友会"中和小伙伴分享交流、互赠礼物，在共话莲花中表达对莲的喜爱之情，感受中华优秀传统文化的美好。

二、项目情境任务

三年级上册第七单元的学习以"年级举办相约自然交友会"为单元大情境，探索大自然的奥秘。在节假日的观察中，学生感受到莲是大自然中常见的植物，不仅江南有，我们身边也有。每到夏天，在北京昌平公园、滨河公园、沙河朝宗桥等附近的水域，都可以看到大片盛开的莲花，美不胜收。结合昌平的乡土文化资源，立足单元学习，教师把绘本《一颗莲子的生命旅程》作为本单元拓展阅读的资源。

学生在阅读中跟随一颗莲子走过四季，了解莲的主要特征和生长过程，从自然特点和精神品格等不同角度欣赏莲的美，制作"以莲会友伴手礼"，在"品莲交友会"中，拿着体现自己对莲的喜爱之情的伴手礼与伙伴交流，寻找意趣相投的好友。

三、学习目标

核心目标	成果表现	素养表现	评价指标	
			能力层级	具体描述
从不同角度欣赏莲的美，感悟莲的纯洁、顽强、无私奉献等精神品质，能够以多种方式表现莲文化。	完成"以莲会友伴手礼"的制作，在"品莲交友会"中分享交流。	1. 识字与写字	知道	
			理解	
			做到	
		2. 阅读与鉴赏	知道	能正确、流利、有感情地朗读绘本。
			理解	能结合图文、联系上下文、借助生活积累，理解绘本的主要内容，了解莲的生长过程。
			做到	能在品味语言的基础上，交流阅读感受，感悟莲的品质之美。
		3. 梳理与探究	知道	能自主阅读、小组交流，发现绘本中描写生动的语言。
			理解	能结合图文、展开联想、联系阅读与生活经验等，感受语言的生动形象。
			做到	能借助情节图梳理莲的生长过程。

核心目标	成果表现	素养表现	评价指标	
			能力层级	具体描述
		4.表达与交流	知道	能乐于分享在阅读和生活中积累的与莲文化有关的知识。
			理解	能运用与莲有关、展现莲之美的语言表达对莲的喜爱。
			做到	能结合绘本内容和积累的语言材料，制作完成"以莲会友伴手礼"，在"品莲交友会"中与伙伴分享交流。

四、项目评价

（一）成果评价

超出成功标准	满足成功标准	接近成功标准	远未达到成功标准
符合所有成功标准，并满足以下两点：1. 使用有新鲜感的词语或句子。2. 使用自己喜欢的方式装饰伴手礼。	1. 卷面整洁、美观，伴手礼能够展现莲的美。2. 正面：能按照一定顺序并准确梳理莲的生长过程。3. 反面：能写下与莲有关并展现莲之美的相关语句。	至少满足成功标准中的2条。	满足成功标准中的1条。

（二）能力评价

阅读能力评价标准			
超出成功标准	满足成功标准	接近成功标准	远未达到成功标准
符合所有成功标准，并满足以下两点： 1.能借助上下文语境，说出绘本中生动语言在表达中的作用。 2.能关注有新鲜感的词句，并有意识地在表达中运用。	1.能读懂绘本，初步把握主要内容。 2.能在阅读中借助情节图，提取主要信息，梳理莲的生长过程。 3.能发现作品中生动优美的词句，结合图文及资料、联系上下文、展开联想、联系阅读与生活经验等方式，感受品味语言。 4.乐于分享阅读感受。	至少满足成功标准中的 3 条。	满足成功标准中的 1~2 条。

表达能力评价标准			
超出成功标准	满足成功标准	接近成功标准	远未达到成功标准
符合所有成功标准，并在讲述时能使用有新鲜感的词语或句子。	1.按照顺序、用词准确、完整地讲述莲的生长过程。 2.运用展现莲之美的语言，讲述与莲有关的内容，交流莲的美好品质，表达对莲的喜爱之情。 3.表达清楚明白，态度自然大方。	至少满足成功标准中的 2 条。	满足成功标准中的 1 条。

五、项目实施

（一）提出问题

莲是自然中常见的花，不仅江南有，我们身边也有，而且诗中、画中、文章中，以及各式艺术作品中都频频为我们展现莲的风采。为什么人们这么喜欢莲呢？它到底蕴藏着怎样的奥秘呢？基于此，依托《一颗莲子的生命旅程》这一绘本，我们开展本次项目学习。

（二）项目准备

1. 学生观察自然界中的莲，积累与莲有关的诗句。

2. 科学、美术老师带领学生从不同角度进行阅读，了解莲的科学知识，感受图画的意蕴，欣赏莲的美。

（三）总体安排

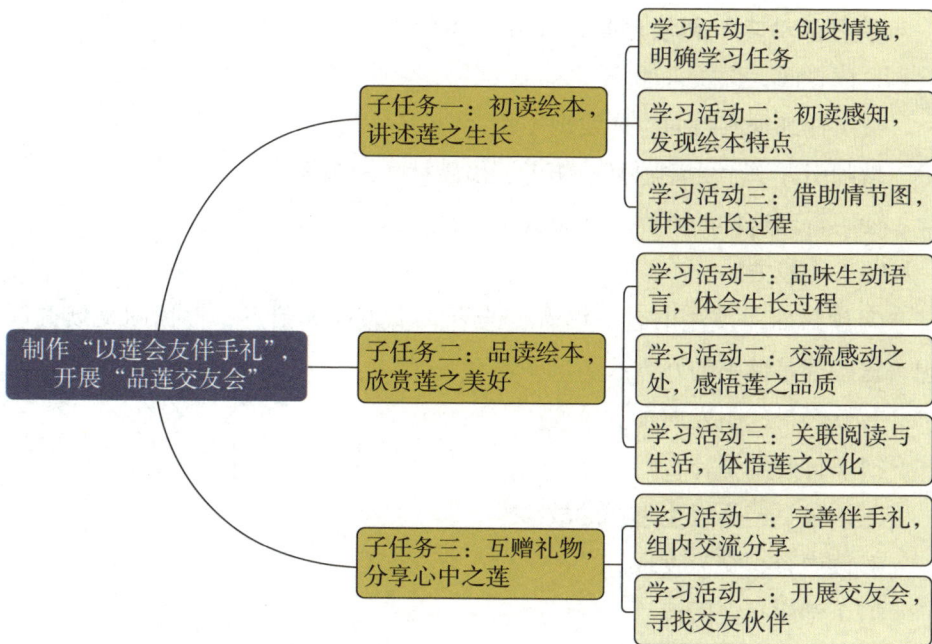

（四）具体过程

子任务一：初读绘本，讲述莲之生长

【课时安排】1课时。

【活动地点】教室。

学习活动一：创设情境，明确学习任务

1. 创设开展"品莲交友会"的学习情境。

2. 明确制作"以莲会友伴手礼"的学习任务。

中国人讲究礼尚往来，开展交友会，我们要制作一个伴手礼，你想做一个怎样的伴手礼？

预设：伴手礼可以有不同的形状，正面展现莲的生长过程，反面用美好的语言展现莲之美。

3. 揭示绘本题目。

怎样把这个伴手礼设计得更好，并与小伙伴分享交流呢？让我们走进绘本——《一颗莲子的生命旅程》。

学习活动二：初读感知，发现绘本特点

1. 读封面，激发兴趣。

（1）仔细观察封面，你发现了什么？

教师引导学生关注题目、作者、出版社、图画等信息。

（2）看到这样的画面，你想到了什么？

（3）点拨方法。

阅读封面，关注书名、作者、绘者、出版社等信息，根据图文展开联想，这些都是读书的好方法。

2. 读环衬，引发质疑。

（1）你看到了什么？

（2）猜一猜会发生怎样的故事？

3. 读内容，交流发现。

（1）学生自主阅读。

（2）感知故事内容。

这本书讲了一个怎样的故事？用简单的语言说一说。

（3）交流不同之处。

这个绘本与我们以前读过的绘本有哪些不一样的地方？

预设：

①文字：绘本用工整的楷体，写了莲的故事；用行书手写体，标注出莲

各部位的名称；用小字介绍莲的知识。

②图画：用国画的形式描绘出莲在各个生长阶段的姿态特征。

③写法：故事从一颗莲子开始，以一颗莲子结束，运用了首尾呼应的写法。

学习活动三：借助情节图，讲述生长过程

1.确定伴手礼形状。

你想做一个什么形状的伴手礼呢?

2.梳理莲的生长过程。

学生阅读绘本，借助情节图，按照四季变化的顺序，在伴手礼正面绘制莲的生长过程。

3.学生交流并修改情节图。

4.共建评价标准。

引导思考：怎样才能把莲的生长过程讲述清楚?

明确评价标准：按照顺序、用词准确、讲述完整。

5.学生借助情节图，结合评价标准，在小组内讲一讲莲的生长过程。

6.选代表在全班讲述，学生结合评价标准，交流听后感受。

7.教师小结：我们借助伴手礼上的情节图，能够有序、准确、完整地讲述莲的生长过程。

子任务二：品读绘本，欣赏莲之美好

【课时安排】1课时。

【活动地点】教室。

学习活动一：品味生动语言，体会生长过程

1.通过梳理，学生可知莲的生长过程大致分为四个阶段：莲子发芽、长叶，莲花盛开，长出莲蓬、莲子，长成莲藕。接下来，以小组为单位，选择其中一个阶段进行品读。想一想，你感受到了什么?

（1）自主阅读，品味语言。

（2）组内交流，分享感受。

2.汇报交流，全班共读。

（1）预设交流要点：莲叶。

①小组汇报学习感受。

②发现写法。

提炼写法：通过这些形象的语言，我们感受到作者赋予莲叶人的动作、情感，把莲叶的生长描写得清楚、生动。

③展开联想，感受莲的纯洁品质。

刚刚冲出水面的莲叶是什么样的？为什么刚出水面的莲叶是这样的？

点拨方法：看看图画、读读文字，再连起来想一想，就读明白了，这就是我们常用的阅读绘本的方法——图文结合。

这样的画面让你联想到了哪句诗？

预设："小荷才露尖尖角，早有蜻蜓立上头。"

小莲叶从淤泥里长出来，怎么还那么干净、碧绿呢？书中就藏着答案，请你读一读，说一说原因。

引导：这就是"出淤泥而不染"，"淤泥"指的是污泥，"不染"就是不沾上。莲叶即便从污泥里长出来，它也永远那么干净、纯洁。一起读读这句话。

正因为莲有这样的特性，所以人们用莲来赞美那些具有纯洁品质的人。

（2）预设交流要点：莲花。

①小组汇报学习感受。

②发现写法。

提炼写法：作者同样运用拟人手法，将莲花短暂的 4 天生命时光展现在我们面前。

③展开联想，感受莲的生生不息。

莲盛开的池塘，满眼都是绿绿的莲叶、红红的莲花，你联想到了哪句诗？

预设："接天莲叶无穷碧，映日荷花别样红。"

看到这样的景象，你有什么感受？第 4 天，莲的花瓣脱落了……你是怎样的心情？

引导：花落了别难过，莲花落了，莲蓬、莲子长出来了，这就是生生不息。

（3）预设交流要点：莲蓬、莲子。

①小组汇报学习感受。

②展开联想，感受莲的顽强品质。

莲子里藏着什么呢？

纵然是在地下埋藏千年的莲子，经过科学家的培育，依然可以发芽、长叶、开花、结子……你感受到了什么？

预设：莲的生命力顽强。

（4）预设交流要点：莲藕。

①小组汇报学习感受。

②展开联想，感受莲的默默无闻。

出示第 4、10、20、21、26 页图画，交流发现。

点拨方法：把多个画面连起来看，能帮助我们完整感受莲的美。

如果把第 21 页立起来看，你联想到了什么？

点拨方法：换一个角度看图画，会让我们的感受更加丰富。

引导：每个阶段的莲都有美好的状态，而这是因为藕在默默地输送养分，这就是——默默无闻、无私奉献。

3. 教师小结：在分享莲的美时，我们可以像作者一样运用生动形象的语言，还可以引用积累的诗句，以及课文中有新鲜感的好词佳句。

学习活动二：交流感动之处，感悟莲之品质

1. 思考：回望一颗莲子的生命旅程，最让你感动的是什么？

2. 教师小结：莲纯洁、顽强、生生不息、无私奉献……让我们感受到了它的品质之美。

学习活动三：关联阅读与生活，体悟莲之文化

1. 借助时间轴，了解诗词中的莲。

（1）学生按照时间顺序，回顾学过的与莲有关的诗词，如《江南》《采莲曲》《池上》《小池》《晓出净慈寺送林子方》……

（2）引导：随着学习的深入，我们会发现更多与莲有关的诗词作品，这个时间轴会变得更加丰富。

2. 联系生活，发现其他艺术作品中的莲。

（1）人们不但在诗词、文章中歌颂莲，生活中处处都有莲的身影。你在哪儿见过莲？

（2）引导：书画、歌舞、陶瓷、雕塑……各式艺术作品中，莲的风采频频出现，不胜枚举。它还象征着和谐、吉祥、平安……形成了我国特有的莲文化。

3. 课后任务：把自己最喜欢的与莲有关、展现莲之美、具有新鲜感的语句，写在伴手礼的反面，在交友会中与伙伴交流，寻找意趣相投的小伙伴。

子任务三：互赠礼物，分享心中之莲

【课时安排】1课时。

【活动地点】教室。

学习活动一：完善伴手礼，组内交流分享

1. 学生交流分享自己所做的伴手礼，说明制作意图及思路。

2. 同伴互赏伴手礼，结合成果评价标准，提出修改建议。

3. 学生修改、完善伴手礼。

4. 借助伴手礼，结合"表达能力评价标准"，在小组内练习分享莲的美好之处，表达对莲的喜爱之情。

学习活动二：开展交友会，寻找交友伙伴

1. 开展交友会。拿着最能表现自己对莲的喜爱之情的礼物，与同学分享交流。如果你们感受相同，并且互相欣赏对方的观点，就可以交换礼物，结成好伙伴。

2. 成功找到好伙伴的同学，在全班展示自己的分享内容。

六、项目成效

1. 产品富有个性化，真实发展学生思维。在开展"品莲交友会"的情境中，学生作为以莲会友之人，不断探索制作伴手礼的策略。学生能够结合阅读中对莲的了解，设计自己喜欢的能体现莲特点的伴手礼形状；借助情节图，在伴手礼正面准确呈现莲的生长过程；运用学习积累，在反面写下展现莲的美的语句。大部分学生的作品无论是图画还是文字都比较工整、美观，能够体现真实的思维过程，展现对莲的理解和认识，从不同角度呈现莲的美。

2.学习活动多样，丰富情感体验。《义务教育语文课程标准（2022年版）》在课程目标中指出："感受语言文字的美，感悟作品的思想内涵和艺术价值，能结合自己的经验，理解、欣赏和初步评价语言文字作品，丰富自己的情感体验和精神世界。"本项目中，教师引导学生关注莲生长的不同阶段，自主阅读，合作探究。学生结合自己的经验和理解，在品味语言、关注写法、展开联想、交流感动之处的学习活动中，感受绘本语言的生动形象，体会莲的姿态和品质之美；关联阅读与生活，发现与莲有关的诗词、艺术作品，欣赏莲的文化之美。在多种多样的学习活动中，学生对莲的感悟逐步深入，丰富了情感体验和精神世界。

3.关注学用结合，提升阅读与表达能力。《义务教育语文课程标准（2022年版）》指出："语文课程致力于全体学生核心素养的形成与发展。"本项目学习中，教师关注学生阅读方法的习得，运用图文结合、展开联想、联系阅读与生活经验、结合资料等方法引导学生阅读，使学生积累阅读方法，提升阅读能力。借助情节图讲述莲的生长过程，品读绘本生动的词句，记录展现莲的美的语言，可以帮助学生实现语言的积累与运用。在交友会中，学生对积累的语言进行梳理、整合，在分享中将自己对莲的理解外显出来，提升语言表达能力。

七、项目反思

1.项目实施反思：适时指导，助力学生素养形成。在任务的驱动下，引导学生通过形式多样的学习活动感受文化，积累语言，运用语言解决问题，形成审美体验，提升人文素养。教师应在学生语言的运用中给予他们更多个性化、有针对性的指导，使学生的语言表达在清楚、通顺的基础上生动形象，助力学生语文素养的形成。

2.项目实施建议：注重多学科融合，提升阅读品质。绘本《一颗莲子的生命旅程》兼具科学性和文学性，本项目的任务是制作"以莲会友伴手礼"，兼具综合性和实践性。在项目实施过程中，教师应加强与科学、美术学科的整合，引导学生综合运用语文、美术、科学等学科知识品读绘本，深化对和莲有关的科学知识、美术知识的理解，进而更好地理解莲文化，提高阅读品质。

北京市昌平区马池口中心小学　李静

北京市昌平区教师进修学校　陈丽

争做神话故事传讲人

——"中外神话故事"教学设计

一、项目简介

统编版语文教材四年级上册的"快乐读书吧"旨在激发学生阅读中外神话故事的兴趣，了解神话流传的方式，感悟神话英雄的品质，传承神话艺术的魅力。本项目在四年级实施，以"争做神话故事传讲人"为主题，依托整本书阅读，制订详细的活动方案，从规则、内容、形式等方面入手，精心设计了以下任务：神话故事会，即讲最喜欢的神话故事；英雄神力榜，即制作英雄人物形象推荐卡；英雄大联盟，即制作神话故事或人物的手抄报；英雄共相约，即习作《我和_____过一天》。教师带领学生阅读整本书，丰富阅读积淀，争做神话故事传讲人，提高语文核心素养。

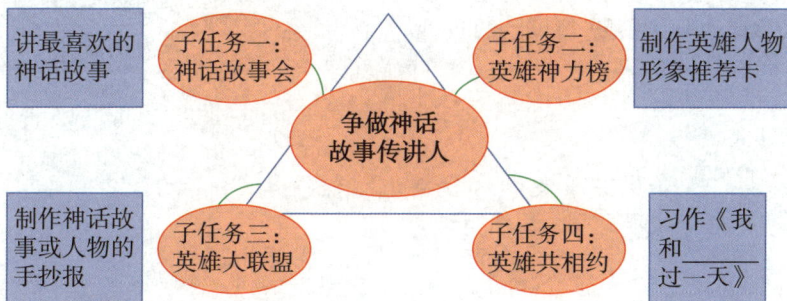

二、项目情境任务

中外神话故事是小学生必读的经典著作。它不仅是阅读的典范，更是民族精神的传承工具。"争做神话故事传讲人"项目活动以学生阅读整本书为基础，用"神话故事会"传讲妙趣横生的英雄故事，用"英雄神力榜"卡片展示英雄人物的形象，用"英雄大联盟"的手抄报汇聚神话英雄经典，用"英雄共相约"《我和_____过一天》的习作开启歌咏英雄的盛会，促使学生广泛阅读中外神话故事书，品味神话特点，更全面地感受神话的魅力。学生在活动中体验读整本书的乐趣，学习读整本书的方法，养成读整本书的习惯，提高语文综合素养。

读神话故事 论英雄品质

妙趣横生话英雄	♥	阅读神话故事，梳理故事情节，品味英雄形象，绘声绘色表达。
手绘卡片识英雄	♥	制作"英雄神力榜"推荐卡，展现神话世界人物的真善美。
图文并茂绘英雄	♥	阅读神话故事，积累好词佳句，制作"英雄大联盟"手抄报。
相约趣话咏英雄	♥	选择神话故事中的一个人物，展开想象编写神奇故事。

三、学习目标

| 核心目标 | 成果表现 | 素养表现 | 评价指标 | |
			能力层级	具体描述
能学习和吸收中外古今优秀文化。	争做神话故事传讲人。	1. 识字与写字	知道	
			理解	
			做到	

核心目标	成果表现	素养表现	评价指标	
			能力层级	具体描述
		2.阅读与鉴赏	知道	充分阅读神话故事，知道神话英雄人物的品质。
			理解	初步领悟作品的内涵，品味富于表现力的语言。
			做到	能感受神话的精神价值，联系生活经验进行评价。
		3.梳理与探究	知道	借助情境任务广泛阅读、思考分析，初步掌握阅读神话故事的方法。
			理解	理解神话故事的情节及叙事结构，初步运用手抄报、推荐卡等多种方法整理和呈现信息。
			做到	能策划神话故事传讲人主题活动。
		4.表达与交流	知道	乐于展示自己的读书收获和感受。
			理解	能运用故事会、推荐卡、手抄报、《我和_____过一天》的写作等方式传讲中外神话故事。
			做到	对主题进行讨论和分析，学写活动计划和总结。

四、项目评价

（一）成果评价

项目名称	超出成功标准	满足成功标准	接近成功标准	远未达到成功标准
神话故事会	符合所有成功标准，并满足以下两点： 1. 掌握整本书阅读的方法，养成阅读整本书的习惯。 2. 品味神话英雄人物的品质，争做优秀文化传讲人。	1. 认真阅读中外神话故事。 2. 选择喜欢的神话故事，了解故事内容，感受英雄品质。 3. 脱稿流畅地传讲神话故事，注意内容的准确性和完整性。 4. 仪态自然，表达生动且有趣，富有感染力。	至少满足成功标准中的3条。	满足成功标准中的1条。
英雄神力榜	符合所有成功标准，并满足以下两点： 1. 形式新颖，画面精美，能吸引读者。 2. 能展示神话英雄人物的特点。	1. 选择神话英雄人物，设计推荐卡形式。 2. 利用相关美术知识，把自己最喜欢的神话英雄人物画出来。 3. 图文的排版、配色有一定的设计。	至少满足成功标准中的2条。	满足成功标准中的1条。
英雄大联盟	符合所有成功标准，并满足以下两点： 1. 排版精美，突出主题。 2. 文字解说能突出神话英雄的特点，兼具故事性和趣味性。	1. 题目新颖且有吸引力。 2. 图文并茂，色彩搭配符合神话英雄人物形象。 3. 文字书写工整且大小均匀，突出重点。	至少满足成功标准中的2条。	满足成功标准中的1条。
英雄共相约	符合所有成功标准，并满足以下两点： 1. 文章构思新颖，见解独特。 2. 神话英雄人物形象明确，体现正能量。	1. 能根据神话故事特点大胆、合理地想象，创编故事。 2. 能通过具体的情节生动、有趣地表现人物的性格特点。 3. 表达自己和故事中的人物在一起的真实感受，体现人间真善美。 4. 学会鉴赏和评价他人习作，敢评乐学。	至少满足成功标准中的3条。	满足成功标准中的1条。

（二）能力评价

学生在此项目活动中，广泛阅读中外神话故事，感受优秀文化的魅力，了解中外神话故事的特点，品味英雄人物品质，发现真善美。在项目实施过程中，激发学生阅读中外神话故事的兴趣，学习阅读整本书的方法，养成阅读整本书的习惯，促进学生主动学习、学会学习、合作探究、展示交流、实践反思，从真正意义上提高自身综合素养。

针对项目开展，教师制定了关注参与过程的评价标准。

评价内容	评价标准	个人自评	小组互评	教师评价
合作精神	项目全程积极参与、认真思考，为项目出谋划策。	☆☆☆	☆☆☆	☆☆☆
能力提升	用口头或图文等方式展示交流所读所思。	☆☆☆	☆☆☆	☆☆☆
感悟收获	感受优秀传统文化的源远流长，学会总结和反思。	☆☆☆	☆☆☆	☆☆☆

五、项目实施

（一）提出问题

四年级上册"快乐读书吧"中提及的中外神话故事是小学生必读的经典著作。它们不仅是阅读的典范，更是民族精神的传承工具。如何让学生能更加全面地感受神话魅力，学习和吸收中外优秀文化？如何让学生体验读书的乐趣，养成热爱读书的好习惯，提高语文素养？为解决这些问题，本项目以学校语文文化月主题活动为载体，以中外神话故事整本书阅读为导向，开展"争做神话故事传讲人"主题活动，旨在使学生更全面地了解神话故事，感受神话魅力，切实提升阅读能力，提高核心素养。

（二）项目准备

1. 资料准备：阅读推荐书目《中国古代神话》《世界经典神话与传说故

事》《希腊神话故事》等，便于学生深入阅读中外神话故事，感受神话英雄形象；准备卡片、作文纸和绘画工具等，以便展示学生阅读收获与感受。

2. 行动准备：通过"英雄故事会""英雄神力榜"等活动积极宣传和推广项目活动，吸引更多的学生加入，激发传讲热情；与美术学科整合，让学生学会手抄报、推荐卡等的设计、制作方法。

（三）总体安排

本项目学习以四年级上册"快乐读书吧"中的中外神话故事为载体，以"争做神话故事传讲人"为主题，制订详细的活动方案，从规则、内容、形式等方面精心设计了四个子任务：神话故事会，即讲最喜欢的神话故事；英雄神力榜，即制作英雄人物形象推荐卡；英雄大联盟，即制作神话故事或人物的手抄报；英雄共相约，即习作《我和_____过一天》。活动为期1个月，促进学生阅读整本书，丰富阅读积淀，争做故事传讲人，提高语文核心素养。

"争做神话故事传讲人"项目活动

读 │ 《中国古代神话》《世界经典神话与传说故事》《希腊神话故事》…… │ 悟

神话故事会 讲最喜欢的神话故事　英雄神力榜 制作英雄人物形象推荐卡　英雄大联盟 制作神话故事或人物的手抄报　英雄共相约 习作《我和___过一天》

（四）具体过程

本项目以神话故事为载体，以学生为中心设计教学，与四年级上册"快乐读书吧"中的中外神话故事传说紧密联系。活动前，引导学生充分阅读

《中国古代神话》《世界经典神话与传说故事》《希腊神话故事》等课外书，通过喜欢的方式记录神话故事中的英雄人物、英雄事迹等，为项目式主题活动作好铺垫。

子任务一：神话故事会

【活动内容】讲最喜欢的神话英雄故事。

【活动目标】以"神话故事会"活动为契机，让学生充分阅读神话故事，了解故事情节，深化英雄人物形象。

【活动形式】班级初赛、年级决赛。

【核心问题】

1. 如何亲近神话人物与体验角色，感受英雄的形象？

2. 如何讲好故事，表达对神话英雄的崇敬？

学习活动一：赛前筹备，充分感受神话英雄人物的形象

1. 广泛阅读《中国古代神话》《希腊神话故事》等课外书，感受故事经典之处及英雄人物的品质。

2. 思考：如何更好地把握故事的主要内容，从语气、仪态、动作等方面讲好神话故事？

学习活动二：班级初赛，协同表达神话英雄人物的品质

1. 选择一个最喜欢的神话故事，练习试讲，注意语气、语调、仪态、动作，配上适宜的背景音乐。

2. 推选学生和老师组成评委组，制定评分细则。

3. 举行班级故事会，评委组代表对故事进行点评，选出代表班级参加决赛的故事。

学习活动三：年级决赛，深化展示神话英雄人物的精神

1. 拟定主题"神话论英雄"故事会，布置场景。

2. 拟定评价标准，选取评委。

3. 组织学生抽签，决定上场顺序。

4. 绘声绘色讲述英雄人物奇异的经历及英雄人物的精神。

5. 评委点评，评选优秀传讲人。

子任务二：英雄神力榜

【活动内容】制作英雄人物形象推荐卡。

【活动目标】制作"英雄神力榜"推荐卡，让性格鲜明的神话英雄人物跃然纸上，展现神话世界中的真善美。

【活动形式】全员参与。

【核心问题】如何将美术与语文学科进行整合，绘制心中的神话英雄形象？

学习活动一：阅读搜集，感受神话英雄人物的特点

1.充分阅读中外神话故事，选择自己喜欢的神话英雄人物，感受其特点。

2.运用互联网等多种方式搜集符合人物精神品质的名言警句、诗词歌赋、经典言语等。

3.了解推荐卡的制作方法。

学习活动二：设计卡片，绘制神话英雄人物的形象

借助资料设置突出主题的卡片，绘制心中的英雄人物形象。

学习活动三：展品互鉴，品味神话英雄人物的品质

1.班级展评"英雄神力榜"推荐卡，互相欣赏品鉴。

2.共同评比五份班级优秀推荐卡。

3.年级评比优秀推荐卡并展览。

子任务三：英雄大联盟

【活动内容】制作神话故事或人物的手抄报。

【活动目标】

1.广泛阅读神话故事，体会神祇和英雄鲜明的性格及优秀的品质，感受神话神奇的魅力。

2.积累好词佳句、神奇情节、英雄形象，制作图文并茂的"英雄大联盟"手抄报。

【活动形式】全员参与。

【核心问题】如何将阅读收获通过手抄报图文并茂地展示出来？

学习活动一：广泛阅读，感受神话英雄故事

1.广泛阅读四年级上册"快乐读书吧"推荐书目《中国神话传说》《世界经典神话与传说故事》《希腊神话传说》等，勾画批注，积累好词佳句、神奇情节、英雄形象以及读书感想等，汇聚英雄人物形象。

2.搜集手抄报的制作方法，了解制作过程。

学习活动二：图文并茂，制作"英雄大联盟"手抄报

根据自己积累的资料设定主题，进行"英雄大联盟"手抄报制作，展现心中的神话英雄。

学习活动三：展品互鉴，展现神话英雄人物形象

1.班级展评"英雄大联盟"手抄报，互相欣赏交流。

示例：

2.共同评比五份班级优秀手抄报。

3.年级评比优秀手抄报并展览。

子任务四：英雄共相约

【活动内容】习作《我和_____过一天》。

【活动目标】以《我和_____过一天》为题，选择神话故事中的一个人物，穿越时空、借助神力展开想象，编写神奇故事。

【活动形式】全员参与，个体写作。

【核心问题】如何将课内课外习得的方法运用到习作中？

学习活动一：广泛阅读，品味神话英雄的特点

广泛阅读四年级上册"快乐读书吧"推荐书目《中国神话传说》《世界

经典神话与传说故事》《希腊神话故事》等，结合第四单元单篇课文品味神话英雄特点。

学习活动二：共研互促，领悟创编神话故事的方法

在老师的引导下，以《我和_____过一天》为题，选择神话故事中的一个人物，穿越时空、借助神力展开想象，编写神奇故事。

学习活动三：互评互鉴，欣赏神话故事的精彩

1. 根据习作要求进行互赏互评，选择五篇优秀神话故事习作。

2. 年级展评优秀习作，互评互鉴，提高语言表达能力。

六、项目成效

（一）提升学生的综合素养

本项目围绕主题"争做神话故事传讲人"，开展了四个相关的项目学习任务，旨在激发学生阅读的乐趣，形成多元阅读成果，提升学生的语文核心素养。

1. 体验读书乐趣，学习与吸收中外优秀文化。世界各地都流传着多姿多彩的神话传说，有不少性格鲜明的神祇和英雄。本项目让学生在神话故事中感受曲折动人的情节，认识个性鲜明的人物，学习流传至今的品质，品味古人创造的智慧……这是快乐阅读的体验，更是对古今优秀文化的传承。

2. 设置驱动性任务，养成良好读书习惯。本项目中，四个子任务环环相扣，为学生提供了驱动式的阅读任务。制作"英雄神力榜"推荐卡，学生利用手中的画笔，让神话英雄人物形象跃然纸上，展现出神话世界中的真善美。"英雄大联盟"手抄报活动，让学生在阅读中积累好词佳句、神奇情节、英雄形象，将其再创造，绘制成图文并茂的手抄报……在此过程中，教师既教给了学生阅读整本书的方法，也促进学生养成认真阅读课外书的好习惯。

3. 注重学科整合，提高语文核心素养。本项目实施过程中，学生学习方式从单一化走向多样化，学习过程中整合语文、美术、工程与技术等学科，收集、处理各种信息，或个性飞扬，或共同合作，思维得到了综合训练，审美与创造能力得到了有效提高。

（二）形成独具特色的文化月项目

"争做神话故事传讲人"项目在教师的努力下，为学生搭建了一个阅读神话故事的平台，建立了适合四年级学生阅读的资源库，形成了内容丰富、形式多样、行之有效的课外阅读项目群，为语文学科推进整本书阅读的综合性学习活动项目的开展指明了方向。

（三）提高教师多元化教学能力

本项目的实施，从根本上改变了教师单一的教学方式。学生真实参与、体验、讨论，实现了学习方式的丰富多元，促进了教师教学能力的提升，更是"双减"政策下优化作业设计的一大体现。

七、项目反思

为期 1 个月的项目式学习，为学生搭建了沉浸式体验平台，教师引导学生穿越时空，与神话故事中的人物结伴，丰富了学生的文化生活，锻炼了其阅读思考与语言表达的能力，也记录了他们的成长印记。

1. 搭建支架，促进广泛阅读。本项目是整本书阅读活动推进的支架，四个子任务以"争做神话故事传讲人"为主题激发学生阅读兴趣，为学生指明阅读的方向。"神话故事会"鼓励学生阅读故事，选择适合自己的故事，进行语言表达，传递情感；"英雄神力榜"引导学生从整体上把握故事内容，感受英雄的品质，进行英雄形象再创造；"英雄大联盟"促使学生有方向地阅读——勾画好词佳句，批注重点内容，梳理英雄形象……；"英雄共相约"是核心素养"语言文字的构建与运用"的最好体现，是阅读整本书的升华。四个子任务紧密联系又各具特色，促使学生阅读，也培养学生能力。

2. 开放设计，鼓励合作创新。本项目实施过程中，学生在阅读整本书的基础上，以"争做神话故事传讲人"为中心，人人参与活动，在思考、讨论和交流中设计作品，极大地调动了学生的阅读积极性，也鼓励学生创新。

3. 成果展评，促进个性发展。本项目迎合"双减"政策，精简优化作业设计，避免了琐碎、重复的练习，促进学生的个性发展。每项任务活动结束后，都有评选展示环节，向优秀者颁发奖状，且在学校长廊及班级文化墙上展览，让学生体验到成功的喜悦，带动互相学习，从真正意义上提高了学生的语文素养。

四川省乐山市通江小学　杜文敏、刘奥娜

基于跨学科

项目式学习教学设计

课例 14

绘制赞美家乡明信片

——二年级上册第四单元、第七单元教学设计

一、项目简介

此项目适用于二年级学生。统编版语文教材二年级上册第四单元以"家乡"为主题，带领学生游览一个又一个美景。如《登鹳雀楼》和《望庐山瀑布》力图展现大川之气势磅礴，《黄山奇石》侧重描绘名山之神奇有趣，《日月潭》旨在刻画宝岛之优美朦胧，《葡萄沟》重在勾勒葡萄沟之风土人情。"我爱阅读"中的《画家乡》则以儿童的视角描绘了几个小朋友的家乡——海滨、山村、平原、草原及城市的美好景色。二年级上册第七单元的《夜宿山寺》和《敕勒歌》分别展现了山寺的高耸入云和大草原辽阔壮丽的风光，也体现了"家乡"这一主题内容。因此，可以"家乡"为主题，将这些内容整合在一起，形成新的学习单元，实现相同主题下的跨单元学习。

二年级的学生年龄较小，对家乡的概念不是那么清晰，对家乡的感情也不能清楚地表达。因此，本次主题学习以单元整体视角，安排了"作好旅行准备，开启云端旅行""旅行中感受家乡美景，绘制明信片赞美家乡""积累运用，赞美自己的家乡"三个子任务，实现了语文和音乐、美术、道德与法治、科学、信息科技、书法等学科的融合学习。每个学科对应不同的活动任务，支撑起整个跨学科主题活动，实现语文与生活的无缝对接，也实现对学生核心素养的培养。

二、项目情境任务

本次跨学科主题活动以"家乡"为主题，情境任务的创设灵感来自本单元"语文园地"中"识字加油站"的"从车票中认识汉字"这一内容。结合对车票的认识，以"绘制明信片，赞美我家乡"为真实的任务情境，旨在通过多学科融合的学习活动，引导学生从语言文字中了解我国的风土人情和民族精神，激发学生"认识家乡、赞美家乡"的情感。

本次活动的形式是云端旅行，学生跟着课本去到了祖国大江南北不同的地方。在旅行前，学生要认识车票、知道买票的方法，包括火车票、飞机票和各景点的门票等，为学生真实生活中的出行普及了知识。旅行中领略了各景点的美丽风光，还可以结合中央电视台录制的专题片《跟着书本去旅行》，解决一系列旅途中的问题，感受不同的风土人情，积累优美的词句。旅行后在地图上用彩笔描绘行程，用明信片书写语句赞美家乡、歌唱家乡，各种活动情境真实生动，激发了学生的学习兴趣和参与的积极性，也落实了课标中对培养学生语文核心素养的相关要求。

三、学习目标

核心目标	成果表现	素养表现	评价指标	
			能力层级	具体描述
联系上下文和生活经验，了解词句的意思。	能完成明信片、车票的制作并进行展示。	1.识字与写字	知道	能识记本单元课文中出现的生字新词，掌握多音字；掌握汉字基本笔画，规范书写汉字。
			理解	理解本单元课文中出现的生字新词。
			做到	能借助火车票上的信息认识生字，增强在生活中主动识字的意识。
		2.阅读与鉴赏	知道	背诵古诗和指定的课文段落。
			理解	联系上下文和生活经验，了解词句的意思。
			做到	能想象古诗中描绘的画面。

核心目标	成果表现	素养表现	评价指标	
			能力层级	具体描述
		3.梳理与探究	知道	了解不同景点的特点，感受祖国的美好。
			理解	发现描写颜色的词语的构词规律。
			做到	参与观赏家乡美景的实践活动，梳理生活中的见闻和想法。
		4.表达与交流	知道	积累相关的词语及风景名句。
			理解	读古诗，借助想象说出脑海中的画面，指出每个风景点的特色，并能结合课文内容说出理由。
			做到	仿写句子。能展开想象，并用"像"说说生活中的事物。运用积累的词句，描述一处景物。

四、项目评价

（一）成果评价

跨学科主题学习活动作为落实课程育人要求的重要载体，要保证学与评的一致性，根据学生"学了什么"确定评价内容。结合单元的特点，教师从活动兴趣的激发、家乡情感的表达等方面引导学生进行成果评价。

语言积累与运用	家乡情感的表达	评　级
外形设计符合主题；用到了文中积累的词语。	能简单地向他人介绍自己的家乡，热爱自己的家乡。	☆
外形设计符合主题；用到了文中积累的词句；书写规范美观。	对家乡感兴趣，了解家乡有特点的景观，愿意赞美自己的家乡。	☆ ☆
外形设计符合主题；不仅积累了课内的，还积累了课外的词语和句式，写出了自己的旅行体验和感受；书写规范、美观。	了解自己家乡突出的人文景观，愿意主动向他人介绍自己的家乡。	☆ ☆ ☆

（二）能力评价

本活动从学生朗读背诵、对语言的理解运用方面进行能力评价。

对课文的朗读和背诵	对词句的理解与运用			评 级
不能做到正确、流利地朗读课文和背诵课文。	能联系生活经验理解词语含义，联系上下文理解词语含义。	能用"像"说出图片中石头的样子，但不太形象，写的时候出现丢字落字现象。句子说得不够具体、完整。	能大体说出诗句描述的画面，个别地方不准确。	☆
能比较正确、流利地朗读和背诵课文。	能联系上下文和生活经验，理解部分词语的含义。	基本上能用"像"说出图片中石头的样子，并写下来。能够将句子说得比较具体、完整。	能用自己的话比较准确地说出诗句描述的画面。	☆ ☆
能正确、流利地朗读和背诵课文。	能联系上下文和生活经验，理解词语的含义。	能用"像"说出图片中石头的样子，并写下来。能够将句子说具体、完整。	能用自己的话准确地说出诗句描述的画面。	☆ ☆ ☆

五、项目实施

（一）提出问题

根据《义务教育语文课程标准（2022年版）》中提出的"设计语文学习任务，要围绕特定学习主题，确定具有内在逻辑关联的语文实践活动"这一要求，结合"绘制明信片，赞美我家乡"这个核心任务，设计单元教学活动，开展项目学习，有层次、有梯度地落实语文要素，激发学生"认识家乡、赞美家乡"的情感。

（二）项目准备

项目开展前，需要作好如下准备。

1.资料准备。

（1）信息科技学科：

《跟着书本去旅行》视频资料；

"葡萄干制作工程"视频资料；

"庐山瀑布"视频资料；

"黄山奇石"视频资料；

"日月潭"视频资料；

"敕勒川"视频资料。

（2）音乐学科：诵读古诗需要的配乐。

（3）道德与法治学科：二年级上册第四单元"我们生活的地方"中《我爱家乡山和水》《家乡物产养育我》《可亲可敬的家乡人》《家乡新变化》等内容。

（4）美术学科：制作明信片的材料，如纸、笔、颜料等。

（5）科学学科：教科版二年级上册"我们的地球家园"。

2.行动准备。

（1）请音乐老师提前教学生学唱歌曲《敕勒歌》。

（2）请美术老师提前指导学生制作明信片。

（3）了解自己家乡的独特景观、物产、风土人情等。

（三）总体安排

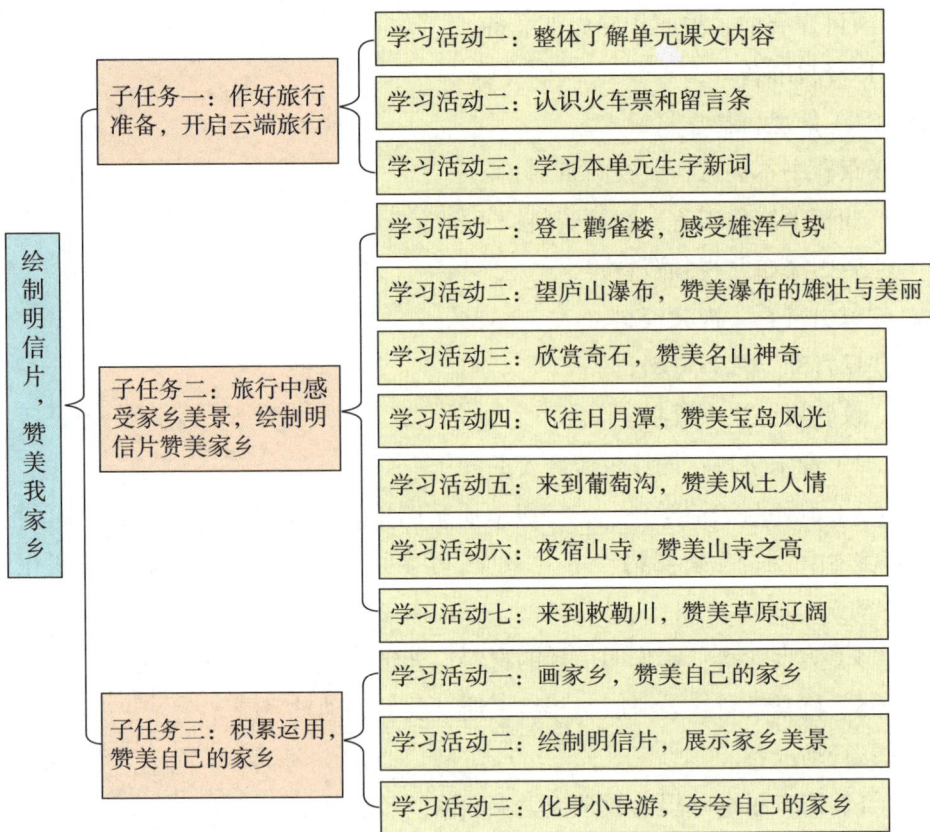

（四）具体过程

在本次主题学习中，学生将借助文字游览祖国的大好河山。

子任务一：作好旅行准备，开启云端旅行

学习活动一：整体了解单元课文内容

1. 学生整体阅读单元内所有课文，了解单元课文内容。

（1）学生自由朗读课文，读准字音，读通句子，注意长句子的停顿。

（2）完成"鹳雀楼""庐山""黄山""日月潭""葡萄沟""江心寺""敕勒川"等词语卡片的制作。

2.初步梳理、了解课文内容。

（1）借助教师提供的中国地图，找出旅行目的地，梳理旅行路线，将词语卡片贴在地图相应位置上。

旅行目的地有：山西鹳雀楼、江西庐山、安徽黄山、台湾日月潭、新疆葡萄沟、湖北江心寺、内蒙古敕勒川。

学习写留言条。创设旅行前去图书馆搜集资料的情境，练习给家人写一张留言条。

学习活动二：认识火车票和留言条

1.借助"语文园地"中的"识字加油站"栏目，先引导学生交流火车票上认识的和不认识的字，再运用多种方式识记不认识的字。

2.出示生活中见过的车票、门票，认识更多的生字。

学习活动三：学习本单元生字新词

1.梳理字词，巩固识字。

（1）运用多种方法识字，归类观察，书写生字。

（2）读词语，在语境中理解词语含义。

2.结合课文语境，巩固生字新词的书写。

子任务二：旅行中感受家乡美景，绘制明信片赞美家乡

学习活动一：登上鹳雀楼，感受雄浑气势

1.回顾单元主题，作好活动前的准备。

（1）简单回顾单元主题和上节课学习的主要内容。

（2）创设购买火车票、完善车票信息的真实情境，激发学生的学习兴趣。

2.抵达目的地，游览风景区。

（1）朗读古诗，理解诗意。

①说说诗中写了哪些景物？仿佛看到了怎样的景象？带给你怎样的感受？

②结合资料，进一步想象、感受诗中呈现的画面。

（2）感受古诗的节拍和韵律，诵读、背诵古诗。

3.绘制、完善鹳雀楼明信片的内容，完成旅行第一站的学习。

示例：

学习活动二：望庐山瀑布，赞美瀑布的雄壮与美丽

1. 回顾单元主题和上节课学习的主要内容，创设购买火车票、完善车票信息的真实情境，开启第二站的旅行。

2. 抵达目的地，游览风景区。

（1）按照《登鹳雀楼》的学习方法，自主学习《望庐山瀑布》这首古诗。

（2）学生交流汇报：如果根据古诗作画，应该画上哪些景物？

（3）引导学生结合生活实际说说瀑布是什么样子的，看瀑布的时候有什么感觉。

（4）学生反复读古诗，思考：哪一句是诗人所见，哪一句是诗人所想？

（5）反复诵读古诗，熟读成诵。听一听"唱古诗"的音频，试着唱一唱。

3. 绘制、完善庐山瀑布明信片的内容，完成旅行第二站的学习。

示例：

学习活动三：欣赏奇石，赞美名山神奇

1. 回顾单元主题，创设购买火车票、完善车票信息的真实情境，开启第三站的旅行。

2. 抵达目的地，游览风景区。

（1）朗读课文，欣赏怪石。

①聚焦第 2~5 自然段，研读描写不同石头的语句。

②聚焦第 6 自然段，展开想象，理解"奇形怪状"的意思。

③拓展延伸，展开想象，提高学生的表达能力。出示图片和泡泡提示语里的例句，引导学生明白用"像"来形容两个事物之间的相似性，并进行口语表达：想一想这些事物像什么？

（2）回读课文，背诵第 2~5 自然段。

3.绘制、完善黄山奇石明信片，完成本次旅行第三站的学习。

示例：

学习活动四：飞往日月潭，赞美宝岛风光

1.回顾单元主题，创设购买机票、完善机票信息的真实情境，开启第四站的旅行。

2.抵达目的地，游览风景区。

（1）学习理解词语的方法，在语境中实践运用方法，提升能力。

①读句子，思考重点词语的意思。

②回顾学习内容，总结理解词语的方法。

（2）朗读课文，感悟日月潭的美。

①读课文，思考：你觉得日月潭美在哪儿？找出有关的句子读一读。品味欣赏日月潭的美。

②朗读课文，背诵第 2~4 自然段。

③结合课后第 3 题，引导学生发现词语的构词方式，并积累词语。

3.绘制、完善日月潭明信片，完成旅行第四站的学习。

示例：

学习活动五：来到葡萄沟，赞美风土人情

1. 回顾单元主题，创设购买火车票、完善车票信息的真实情境，开启第五站的旅行。

2. 抵达目的地，游览风景区。

（1）梳理字词，理解难懂词语的意思。

引导学生读泡泡提示语中的内容，发现描写颜色的词语的构词规律，交流自己的发现，并积累相关的词语。

（2）朗读课文，读好长句子，感悟葡萄沟真是个好地方。

①朗读课文，引导学生思考：为什么葡萄沟真是个好地方？带着问题自主读书。

②结合课后第3题，小组内交流分享，选出代表在班级内交流。

3. 绘制葡萄沟明信片，完成旅行第五站的学习。

示例：

学习活动六：夜宿山寺，赞美山寺之高

1. 回顾单元主题，创设购买火车票、完善车票信息的真实情境，开启第六站的旅行。

2.抵达目的地，游览风景区。

（1）朗读课文，感悟山寺之高。

①自由朗读古诗前两句，借助插图，想象看到的画面。

②自由朗读古诗后两句，思考：为什么诗人不敢大声说话？

（2）熟读、背诵古诗《夜宿山寺》。

3.绘制江心寺明信片，完成旅行第六站的学习。

示例：

学习活动七：来到敕勒川，赞美草原辽阔

1.回顾单元主题，创设购买火车票、完善车票信息的真实情境，开启第七站的旅行。

2.抵达目的地，游览风景区。

（1）回顾学习古诗的方法，这节课继续用读诗句想画面的方法游览敕勒川。

（2）引导学生展开想象，分别说一说读前两行和后两行时看到的画面，以及这样的草原给你留下了怎样的印象。

（3）播放《跟着书本去旅行》的纪录片片段，介绍草原上的草很茂盛的知识。

（4）欣赏两幅不同书法作品中的《敕勒歌》。

（5）听故事，体会《敕勒歌》的生命意义。

（6）播放音乐老师的教学视频，学生学唱《敕勒歌》。

（7）回归现实，介绍纪录片《跟着书本去旅行》视频资料和道德与法治教材二年级上册第四单元的内容，倡导学生了解和保护草原环境。

3. 绘制敕勒川明信片，完成旅行第七站的学习。

示例：

子任务三：积累运用，赞美自己的家乡

学习活动一：画家乡，赞美自己的家乡

1. 回顾单元主题和单元内容，明确任务，自主学习。

（1）理解楹联大意，熟读成诵。

（2）自主阅读，了解每个孩子的家乡都是什么样子的。选择自己最喜欢的地方，自由练习朗读后，读给大家听一听，说出原因。

（3）从课内延伸到课外，引发学生对家乡的思考，说一说自己的家乡在哪里，哪些地方也很美。

学习活动二：绘制明信片，展示家乡美景

1. 梳理完善旅行途中七个景点的车票、旅行地图及明信片。

2. 制作自己家乡的明信片。

学习活动三：化身小导游，夸夸自己的家乡

1. 化身小导游，借助明信片介绍、夸夸自己的家乡。

2. 评选出"最佳车票设计大师""最佳明信片设计大师""最佳旅行地图

绘画大师""最佳家乡小导游"。

六、项目成效

本次项目活动创设了带领学生云端旅行的情境，多学科相融合，让学生在语文课上有了更多的助推力。学生在本次项目式学习中，完成了书本上要求的各项语文学习任务，了解了我国的风土人情和民族精神，感受了祖国各地的美丽风光。从学生能力发展角度看，在真实的情境中，教师借助美术、音乐、信息科技、书法、科学、道德与法治等学科，帮助学生获取了文字方面的、科学方面的、生活中的很多知识，使学生的综合能力增强了。学生在观察图片或观看视频过程中，培养了想象能力；在当小导游为家乡代言的过程中，朗读和背诵的能力、语言表达运用的能力、文字书写的能力，以及质疑、思考、判断等综合能力均得以提高。在这样的过程中，学生的文化自信、语言运用、思维发展、审美意识等核心素养均得到了发展。

七、项目反思

首先，本次设计立足单元整体教学思路，聚焦双线结构，借助主题活动为学生搭建学习路径，以"绘制明信片，赞美我家乡"这一任务为驱动力，激发学生了解家乡、赞美家乡的热情。

其次，在学习任务的安排上，实现了与音乐、美术、道德与法治、科学、信息科技、书法等学科的融合学习。每个学科对应了不同的活动任务，以支撑起整个跨学科主题活动，实现对学生综合素养的培养。

最后，积极落实语文要素，每篇课文的设计侧重点各有不同，在教学中如何能更好地落实，需要在研读教材和课标中深入思考。如教师要引导学生热爱他人家乡，热爱自己家乡，并由热爱家乡走向热爱祖国、思考人与自然和谐相处，由"小爱"走向"大爱"，唤醒学生的爱国情怀。

北京市大兴区教师进修学校　王雪莲

课例 15

如何设计出引导高阶思维的学习单

——四年级上册教学设计

一、项目简介

神经科学认为，提问可以快速调动大脑的学习能力。提问能启动大脑的预测程序，当问题进入这个系统，大脑会试图通过给出明确答案来消除不确定性，迅速产生想要知道答案是否正确的强烈压力，从而进入深度学习。这不仅有助于发展词汇量、听说读写能力，还能培养批判性思考能力。

本项目通过阅读四年级语文和科学课本，深入探究和分析课本中的提问方式及其背后的原因，了解提问的类别和方法，以及提问对学生学习的帮助，目的是让学生学会如何提出高阶的好问题。经过项目式学习，学生能够在生活中运用"提问"来帮助自己学习、成长和进步。在生活、学习和阅读中，学生能保持好奇心，运用高阶思维，提出高阶、开放性问题，并正确找到解决问题的方法。

二、项目情境任务

开展"小小探险家"活动。活动中，每个学生都将成为勇敢的探险家，去探索未知的知识世界。学生的任务是设计一份"探险指南"（也就是学习单）。这份指南将帮助学生在知识的海洋中航行，找到他们最感兴趣的知识宝藏。

学生自己决定要探索的知识领域，寻找和整理信息，设计学习单。然后将找到的最有趣、最有价值的知识宝藏分享给全班同学。我们将为设计出最优秀学习单的探险家颁发"最佳探险家"奖章。

三、学习目标

核心目标	成果表现	素养表现	评价指标	
			能力层级	具体描述
培养学生的高阶思维能力。	个人：完成高阶问题结构图表、挑战任务记录本。 团队：每组自选一课设计学习单、成果展示海报。	1.识字与写字	知道	
			理解	
			做到	
		2.阅读与鉴赏	知道	学生知道问题的分类。
			理解	学生理解什么是高阶思维、什么是开放性问题。
			做到	能提出各层次的开放性问题，有意识地朝向深度学习移动。
		3.梳理与探究	知道	知道事物之间的因果关系。
			理解	理解好问题为何如此重要。
			做到	找到关键信息，整理并分类摘录。
		4.表达与交流	做到	能在生活、学习中随时保持好奇心，提出高阶问题、开放性问题，帮助找到解决问题的正确方法。

四、项目评价

整个项目分为七个阶段，每个阶段有对应的成果和过程评价。阶段一至四：学生利用 KWL 表、问题情境记录、层级图、示意图和问题生成法，理解和提出"好问题"。阶段五：学生完成提问分析表和反思通行证。阶段六和七：展示成果并评价展示效果。最后，学生使用评价量表进行自评和互评。

项目执行七阶段		
阶段成果	学生要解决的关键问题	过程评价项目
阶段一：KWL 表	什么是"问题"？	小组分享反馈
阶段二：问题情境记录	为什么需要有"问题"？	小组分享反馈
阶段三："好问题"层级图、"好问题公式"示意图	什么是"好问题"？	全体分享反馈
阶段四：问题生成法（Question Formulation Technique，QFT）记录表	如何提出"好问题"？	小组分享反馈
阶段五：提问分析表、反思通行证	如何运用"好问题"？	全体分享反馈
阶段六：展示计划表、学习单草稿和完成稿	如何呈现成果才能吸引观众？	个人评价表、小组评价表
阶段七：团队成果展示	如何评价成果展示是否成功？	成果展示评价表

引导高阶思维的学习单评价量表				
评价项目	超出成功标准	满足成功标准	接近成功标准	远未达到成功标准
阅读材料，认识问题种类。	通过阅读材料，归纳出 4 个及以上问题种类。	通过阅读材料，归纳出 3 个问题种类。	通过阅读材料，归纳出 2 个问题种类。	通过阅读材料，归纳出 1 个问题种类。
进行问题分解，找出高阶问题。	能够进行问题分解，找出 4 个及以上高阶问题。	能够进行问题分解，找出 3 个高阶问题。	能够进行问题分解，找出 2 个高阶问题。	能够进行问题分解，找出 1 个高阶问题。

评价项目	超出成功标准	满足成功标准	接近成功标准	远未达到成功标准
表列高阶思维问题结构说明。	能够利用图表，对4个及以上高阶思维问题进行结构说明。	能够利用图表，对3个高阶思维问题进行结构说明。	能够利用图表，对2个高阶思维问题进行结构说明。	能够利用图表，对1个高阶思维问题进行结构说明。
完成高阶思维问题学习单。	学习单中能够提出4个及以上高阶思维问题。	学习单中能够提出3个高阶思维问题。	学习单中能够提出2个高阶思维问题。	学习单中能够提出1个高阶思维问题。
分享与反馈。	能够分享4个及以上观点，给出4条及以上反馈。	能够分享3个观点，给出3条反馈。	能够分享2个观点，给出2条反馈。	能够分享1个观点，给出1条反馈。

五、项目实施

（一）提出问题

统编版语文教材四年级上册第二单元是阅读策略单元，希望培养学生阅读时"为学患无疑，疑则有进"的提问习惯。同样也希望当学生在生活中遇到好奇的事物时，能运用"提问"这一方式来帮助自己学习、成长与进步。但是，到底该怎么培养，才能让学生具备提出高阶问题的能力呢？

（二）项目准备

资料：学习理论支撑参考书籍（教师参考用）、提问相关资料、思维导图、学习单。

材料：KT板（做项目墙用）、板贴、海报纸、笔记纸、彩笔、便利贴、项目挑战记录本等。

（三）总体安排

整个项目分为七个阶段。阶段一，学生了解"是什么"，探究"什么是

'问题'";阶段二，讨论"为什么"，探究"为什么需要有'问题'"；阶段三，学习提出高阶思考的"什么是'好问题'"；阶段四，探究"如何提出'好问题'"；阶段五，讨论"如何运用'好问题'"；阶段六，与学生一起思考如何以吸引人的形式呈现探究成果；阶段七，完成成果展示后，检视成功与否，并反思过程中获得的灵感或启发。

（四）具体过程

入项准备

1. 项目成员相互熟悉，组建合作小组。

2. 讨论并签订小组合作团队契约。

3. 说明前期准备事项，请学生利用周末记录听到的感兴趣的问题（建立学生真实生活与项目的连接）。

阶段一：什么是"问题"（1 课时）

1. 阅读绘本《第一次提问》。

2. 观察和分析问题的产生背景。讨论人们在遇到困惑、需要建议、学习探索、解决问题、沟通交流以及满足好奇心等情况下，为什么会提出问题。理解提问不仅是为了获得知识和理解事物，还能促进交流与合作。

3. 学生阅读提供的补充资料，确保对主题有初步的了解。填写"关于'好问题'的 KWL 表"中的"K"和"W"部分。汇总所有学生"W"部分的提问。创建"红灯区"和"绿灯区"（红灯区：放置所有未解决的问题；绿灯区：放置已经解决的问题）。

关于"好问题"的 KWL 表		
K：关于"好问题"我知道什么？	W：关于"好问题"我想学什么？	L：关于"好问题"我已经学会了什么？

阶段二：为什么需要有"问题"（1课时）

1. 学生以组为单位，翻阅无字绘本《推土机年年作响》的七幅图，试着找出七幅图的正确顺序。在翻阅过程中，所有学生不可提问，并设法确定排序的依据，如故事情节的连贯性、图画中的细节变化等。

2. 学生针对《推土机年年作响》提出 20 个问题，这些问题可以涉及情节、人物、场景、情感等各个方面。

3. 引导学生围绕"为什么需要有'问题'"这一主题展开讨论。教师提供以下提问的作用，供学生参考和讨论：

（1）获取信息：当我们对某个主题、概念或事件不了解时，提问可以帮助我们获取必要的信息，增加我们的知识储备。

（2）解决问题：面对问题或挑战时，提问可以帮助我们识别问题的本质，找到解决问题的方法或策略。

（3）批判性思维：提问有助于培养批判性思维，让我们不仅接受信息，还对其进行分析、评估，形成自己的见解。

（4）沟通与合作：在团队中，提问可以促进成员间的沟通与合作，帮助大家更好地理解彼此的观点和需求。

（5）学习与成长：提问有助于我们不断学习和成长。通过提问，我们可以发现自己的不足，进而寻求改进和进步。

（6）激发创新思维：提问可以激发我们的创新思维，让我们从不同的角度看待问题，发现新的解决方案。

阶段三：什么是"好问题"（2课时）

1. 学生了解"黄金圈法则"，利用预习四年级上册课文时的提问、练习，依据为什么、怎么做、是什么进行分类。

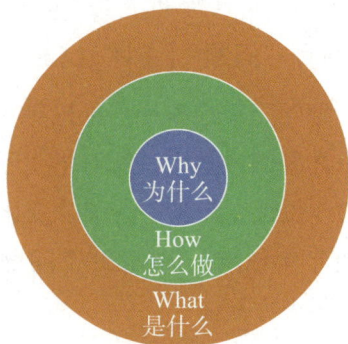

黄金圈法则

2.学生利用"质疑提出的问题"小测试，初步判断自己的问题是否是好问题。

"质疑提出的问题"小测试
阅读以下清单，回答"是"的请在□里打"√"。 □是否不确定问题的答案？ □问的问题有什么目的吗？ □问题需要一个"是"或"不是"的答案吗？ □问题深刻吗？ □问题具体吗？ □问题能引发对话吗？ □问题简短吗？ □问题容易理解吗？ □问题是否不包含任何的信仰或偏见？ □问题会引发更多的问题吗？

3.回顾自我领导力（Leader In Me）常用的工具图，并提取功能关键词。

（1）莲花图：拆解，拓展，创造；（2）优先顺序图：排序，比较，评估；（3）目标计划图：排列，厘清；（4）甘特图：规划，排列，应用；（5）停步思考图：排序，理解；（6）优缺点分析图：比较，分析；（7）线型图：追踪，理解，分析；（8）流程图：识别，排序，理解；（9）控制圈图：识别，理解；（10）维恩图（范式图）：比较，分析；（11）脑力激荡图：发散，创造；（12）鱼骨图：识别，理解，分析；（13）统合综效图：分析，评估，创造；（14）柱状图：理解，分析。

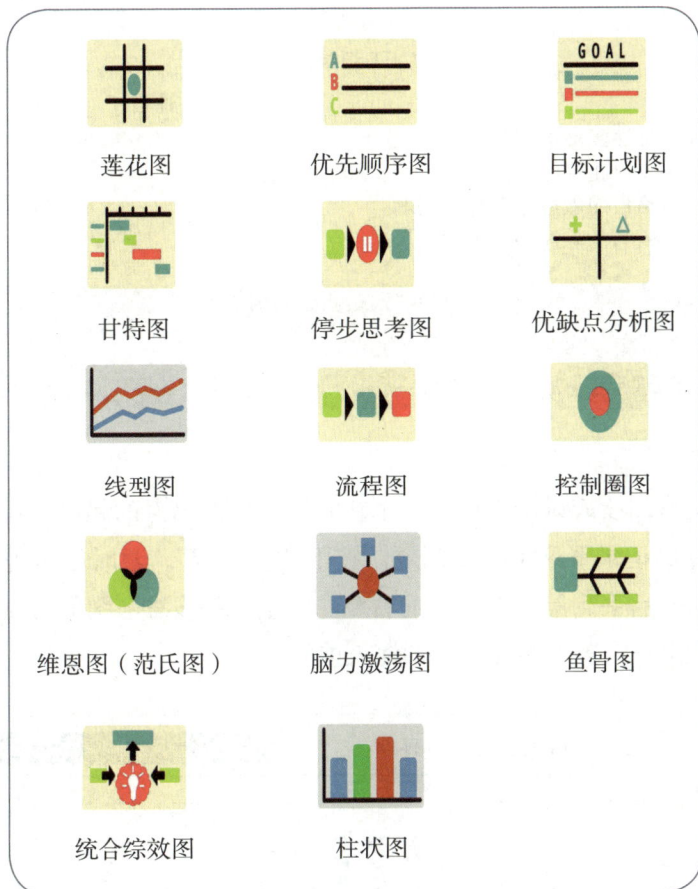

莲花图   优先顺序图   目标计划图

甘特图   停步思考图   优缺点分析图

线型图   流程图   控制圈图

维恩图（范氏图）   脑力激荡图   鱼骨图

统合综效图   柱状图

4.请学生依难易度给关键词排序，并说明理由。

5.学生阅读和理解《好问题与布鲁姆的教育目标分类学》，了解关键词创造、评估、分析、应用、理解、识别的分类和层次。利用《好问题与布鲁姆的教育目标分类学》，与自己提出的问题进行对照，判断问题的分类。

6.学生利用可视化工具阐述对好问题的理解。

7.学生自创"好问题公式"，并用图像呈现自己的设计。

阶段四：如何提出"好问题"（2课时）

1.学生阅读四年级下册的课文《琥珀》，仔细理解文章内容。在阅读过程中尝试提出问题，促进对课文的深入理解。在提问时必须遵守提问规则。

QFT 记录表

姓名 _____

1. 尽可能多地提问。
2. 不要停止提问而去讨论、评价和回答任何问题。
3. 严格按照叙述记下每个问题。
4. 把所有的陈述句改为问句。

遵守规则时遇到的困难
解释原因:

2. 学生从阅读或讨论中提出一个初始问题作为思考的起点，在"停步思考图"的左侧记录下这个初始问题。按下"暂停键"，暂时停止进一步的讨论或思考，然后去到停步思考图的右侧。学生在停步思考图的右侧，针对初始问题连续进行"五个为什么"的深入追问。

班级 _____ 姓名 _____ 日期 _____ 领导力工具：停步思考图

3. 用"如果"点燃想象力：练习用"如果"对《琥珀》进行提问，遵守提问规则并记录下所有的提问。

4. 尝试用"怎样"来让想法真正落地：练习用"怎样"来进行提问，遵守提问规则并记录下所有的提问。

5. 展示与交流。

阶段五：如何运用"好问题"（1课时）

1. 比较和分析语文课本和科学课本上的课后练习题。

2. 每组从语文课本中自选一课，为同学设计一份引导高阶思维的学习单。

3. 将所设计的学习单拿给其他组的组员进行测试，并适度调整与修改。

其中一组的设计示例：

四下语文第 15 课《白鹅》	设计者：张×× / 陈×× / 王××
1.《白鹅》的中心句是什么？ 2. 如果我们不服务鹅，那么鹅会怎么样？ 3. 为什么狗怕鹅，但它偷吃完冷饭后，却扬长而去？ 4. 你认为《白鹅》这篇文章是否体现了丰子恺的个人风格特点？为什么？ 5. 丰子恺是如何透过细节描写来展现白鹅高傲的性格特点的？ 6. 丰子恺对白鹅的情感态度是什么样的？ 7. 作者在《白鹅》中运用了哪些修辞手法？ 8.《白鹅》对丰子恺的个人生活有何影响？ 9.《白鹅》在中国文学史上的地位是怎么样的？	

4. 完成反思通行证（3 个学会、2 个问题、1 个观点）。

阶段六：如何呈现成果才能吸引观众（1 课时）

1. 选择合适的思维工具图，讨论整体成果展示的形式。

2. 评估各种整体成果展示形式的可行性，使用"是的，而且……"的句式进行讨论。

3. 决定整体成果展示的形式（设立海报区、挑战区、视频区和项目墙展示区），讨论小组内的规划与时程，并完成展示计划表。

阶段七：如何评价成果展示是否成功（1 课时）

1. 学生分享成果展示的过程。

2. 依据成果评价表进行自评与互评。

评价项目	满足成功标准	接近成功标准	远未达到成功标准
观点和信息的解释	选择适当的事实和相关的描述性细节支持主要想法和主题。	选择一些能够支持主要想法的事实和细节，但可能还不够，有些则是无关紧要的。	使用不恰当的事实和不相关的细节支持主要想法。

评价项目	满足成功标准	接近成功标准	远未达到成功标准
演示	演示中包含了所有必要的内容。	演示中包含了大部分必要的内容。	演示中没有包含所有必要的内容。
	以合理的顺序演示想法。	尝试有序地演示想法，但并不总是合理的。	演示想法的顺序不合理。
	时间安排合理，演示中的任何一部分都没有太短或太长。	展示演示的时间长度合适，但有些部分的时间可能太短或太长。	演示时间安排不当，太短或太长。
眼神和身体	大部分时间与观众保持眼神交流，偶尔看一眼笔记或幻灯片。	能进行一些眼神交流，但大部分时间在读笔记或幻灯片。	不看观众，只读笔记。
	仪态自信。	有点坐立不安、无精打采。	很多时候坐立不安、无精打采。
声音	说话大声且清楚。	大部分时间说话大声且清楚。	说话声音太小或不清楚。
	说话顺应场合，合理使用正式的语言。	大部分时间说话顺应场合。	说话与场合不符（可能不太正式或使用俚语）。
展示辅助工具	使用精心制作的音频、视频辅助工具或媒体来给想法和主题增色。	使用音频、视频辅助工具或媒体，但有时可能会分散对于演示的注意力，或未能给想法和主题增色。	不使用音频、视频辅助工具或媒体，或使用不适当或分散注意力的音频/视频辅助工具或媒体。
回答观众提问	清楚、完整地回答观众的问题。	回答一些观众的问题，但回答得不清楚或不完整。	不回答观众的问题。
参与团队展示	所有团队成员的参与时间大致相同，而且都能够回答问题。	所有团队成员都参与，但参与性不对等。	并非所有团队成员都参与，只有一两个人发言。

六、项目成效

这个项目对四年级的学生来说可能有一定的挑战性，因为涉及的工具和步骤较多，可能时间超出预期，甚至有些环节无法完成。然而，当看到那些最初认为项目难度较大的学生成功设计了学习单，并在项目学习通行证上写下"很有趣、很有成就感"的评价时，可以看出他们在提问和学习上的自信心有了显著提升。

在成果发布会上，学生们的设计吸引了许多观众的注意。尽管学生们在展示后感到疲惫，但他们也非常开心和有成就感。一名因发烧无法到校的学生甚至在家中自主录制了一段介绍项目的视频，以参与其中。学生们如此主动积极的态度表明，他们在未来的学习中可能会发展出高阶思维，保持好奇心，并提出高阶、开放性的问题，以找到解决问题的正确方法。

七、项目反思

1. 设计思路要保留记录。有时可能会觉得没有完全想清楚的内容不值得记录，通常只记录那些看起来像"答案"的东西。然而，在项目设计的早期阶段，记录一些零碎的想法片段或者是想要尝试的活动、使用的工具，可以快速积累更多的素材。随着素材的增加，信心也会随之提升。

2. 项目设计要保留弹性。尽管在项目执行前已经精心设想了各种可能出现的情况，但学生的创意和想法往往是难以预料的。在项目执行过程中，必须保留适度的弹性，以学生为中心，教师需要运用教育智慧，在适当的时候引导推进，并在突发状况下及时调整。这不仅能让学生更投入，还能给项目带来更多可能性。

3. 与协作伙伴共创设计。与协作伙伴共同完成设计并执行项目。在项目执行的三天中，伙伴们的创意像喜剧包袱一样一个个被"抖"出来，大家积极响应。这些妙点子吸引学生在乐趣中进行探究，不仅乐于学习，而且愿意主动挑战困难的任务。这绝对不是一个人能够实现的。在这个人工智能极大发展的时代，能够与有真情实感、有温度的伙伴一起学习和前进，确实是一件幸福且美好的事。

浙江省嘉兴市南湖区世合实验学校 王昭文

课例 16

"漫画"恩师，"漫话"师恩
——五年级上册第二单元习作教学设计

一、项目简介

"'漫画'恩师，'漫话'师恩"项目是针对统编版语文教材五年级上册第二单元习作"'漫画'老师"设计的创新型教学项目。本项目旨在通过跨学科整合，融合美术、信息科技等学科知识，让学生在实践中深入理解"漫画"的艺术表现形式，并通过"漫画"这一载体，表达对老师的感恩之情与深刻理解。项目为期1个月，通过系列实践活动，引导学生观察、感受、思考并创作，最终完成一篇以"漫画"形式展现老师特点的作品，同时辅以文字说明，全面提升学生的观察力、想象力、创造力和语言表达能力。

二、项目情境任务

实施此项目的动因在于在传统习作教学中，学生往往难以将内心情感细腻地转化为文字，且缺乏直观生动的表达方式。本项目通过"漫画"这一形式，鼓励学生以创意和趣味为驱动力，将自己对老师的了解和敬爱之情以视觉艺术的形式呈现出来。学生将扮演"小小漫画家"的角色，通过细致观察老师的日常言行、性格特点，创作出富有个性和情感的漫画作品，并在创作过程中加深对老师的理解和感激之情。

项目活动启事如下：

活动启事

为庆祝 2024 年教师节，五年级拟举办一次题为"'漫画'恩师，'漫话'师恩"的学生作品展。请同学们以"漫画"+"漫话"的方式，表现某位老师的特点和精神，表达对老师们的真情实感。

展示时间：10 月 8 日。

展示地点：五年级作品栏。

我们将邀请参与观赏的老师、同学投出自己宝贵的一票，选出年级优秀作品 20 幅，结集成册，并推送到学校公众号。

三、学习目标

核心目标	成果表现	素养表现	评价指标	
			能力层级	具体描述
能抓住特点，运用夸张、幽默的方式，通过具体事例给老师"画"像。	以"漫画+习作"的方式，完善"'漫画'恩师，'漫话'师恩"主题作品。	1. 识字与写字	知道	
			理解	
			做到	
		2. 阅读与鉴赏	知道	阅读"我的老师"主题名家名篇。
			理解	解释作者如何通过具体事例突出老师的性格特点。
			做到	能从群文中摘录 10 条以上典型事例、细节描写或情感金句，分类整理形成素材库。
		3. 梳理与探究	知道	了解基本的漫画绘制技巧和方法。
			理解	比较不同作者对老师形象的塑造差异。
			做到	运用所学的美术知识绘制出个性化、富有创意的漫画作品。
		4. 表达与交流	知道	认识到"漫话"习作对表达情感的重要作用。
			理解	理解如何通过具体事例和生动语言叙述与老师之间的故事。
			做到	撰写出情感真挚、语言生动的"漫话"习作，表达对老师的感激与敬爱之情。

四、项目评价

（一）成果评价

超出成功标准	满足成功标准	接近成功标准	远未达到成功标准
选取 3 个典型事件，从不同角度全面刻画人物，事件新颖独特。	选取 1~2 个典型事件，能清晰体现人物的某一核心特点。	事件与人物特点部分相关，但不够典型或细节不足。	事件与人物特点无关，描述笼统模糊。
语言、动作描写极具个性化，生动还原人物真实形象。	言行符合人物特点，但缺乏独特细节。	言行仅部分符合人物特点，或描写过于普通。	言行与人物特点矛盾，描述空洞。
语言充满有创意的比喻、夸张的修辞，幽默感十足，画面感极强。	语言适度夸张，有一定幽默感，能引发读者联想。	语言平淡，偶有夸张或幽默尝试，但效果不明显。	语言刻板无趣，完全未体现出"漫话"风格。
漫画设计极具创意，精准匹配文字内容，强化人物特点。	漫画清晰展示人物特点，与文字内容基本契合。	漫画与文字部分脱节，或人物特点表现不够鲜明。	漫画与文字无关，人物形象模糊。
图文紧密结合，情感真挚，感染力强。	图文内容互补，情感表达真挚、清晰。	图文关联较弱，情感表达单薄。	图文割裂，情感表达缺失或生硬。

（二）能力评价

超出成功标准	满足成功标准	接近成功标准	远未达到成功标准
主动观察并记录老师 3 个典型特点，素材丰富且分类清晰，包含 10 个以上的细节与事例。	记录老师 1~2 个典型特点，素材较完整（如有 5 个事例），但分类较笼统。	素材零散，缺乏细节或分类。	未完成观察记录，或素材与人物特点无关。
漫画设计新颖，图文结合方案独特，创意远超常规要求。	漫画设计清晰、图文匹配，符合基本设计逻辑。	漫画设计简单，图文部分脱节，创意不足。	未完成漫画设计，或图文完全割裂，缺乏创意。

超出成功标准	满足成功标准	接近成功标准	远未达到成功标准
主动承担小组任务，提出建设性意见，推动团队高效协作，解决关键问题。	完成分工任务，参与讨论但贡献有限。	被动执行任务，未积极参与交流或提供反馈。	未完成分工任务，或合作态度消极，影响团队进度。
反思表内容深刻，能结合他人建议优化作品，并制订长期提升计划。	反思表完整，能根据反馈调整作品细节。	反思内容较浅，改进方向模糊或缺乏具体行动。	未填写反思表，或反思内容敷衍。

五、项目实施

（一）提出问题

1.驱动性问题：如何通过"漫画"＋"漫话"形式生动展现老师的个性特点与师生情感？

2.引导思考：如何通过具体事例与夸张手法突出老师的特点？怎样实现图文互补，增强情感表达？

（二）项目准备

1.教具准备：

（1）绘画工具：彩笔、马克笔、素描纸。

（2）多媒体设备：PPT展示名家名篇片段、名家漫画案例。

2.资料准备：

（1）群文阅读材料：五上第二单元课文、魏巍《我的老师》、冰心《我的老师》、梁实秋《我的一位国文老师》。

（2）漫画范例：丰子恺漫画、《父与子》漫画节选。

3.行动准备：

（1）学生自备观察笔记本，记录老师日常言行。

（2）分组安排：四人一组，明确组长、组员分工。

（三）总体安排

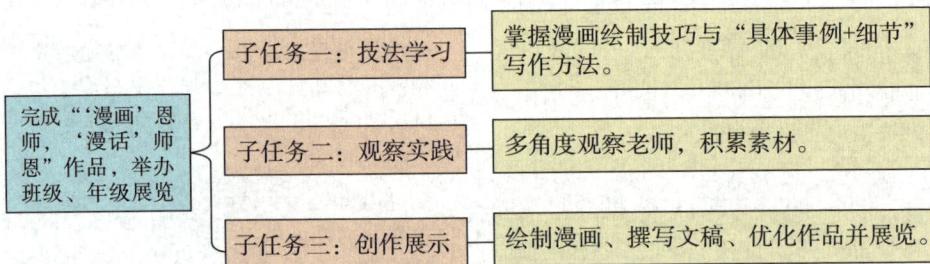

完成"'漫画'恩师，'漫话'师恩"作品，举办班级、年级展览

- 子任务一：技法学习 —— 掌握漫画绘制技巧与"具体事例+细节"写作方法。
- 子任务二：观察实践 —— 多角度观察老师，积累素材。
- 子任务三：创作展示 —— 绘制漫画、撰写文稿、优化作品并展览。

（四）具体过程

子任务一：技法学习

目标：通过群文阅读与漫画分析，掌握"具体事例＋细节"的写作方法及漫画绘制技巧，为后续创作奠定基础。

学习活动一：群文阅读与漫画分析

【活动时间】第 1 课时（语文课）。

【活动地点】教室。

【活动安排】精读名家作品，圈画出人物描写与情感表达的语句。结合漫画案例，总结夸张、幽默的表现手法。

【活动过程】

1. 学生活动。

（1）自主阅读与标记。

梳理总结本单元三篇课文《搭石》《将相和》《冀中的地道战》，"通过具体事例写人"的手法，分析如何借助事件突出人物特点。

快速阅读魏巍《我的老师》、冰心《我的老师》、梁实秋《我的一位国文老师》节选，完成以下小任务：

小任务 1：用荧光笔标出描写老师外貌、动作、语言的语句（如魏巍笔下"教鞭轻轻敲在石板边上"）。

小任务 2：在空白处批注情感关键词（如"温暖""幽默""严厉"等）。

观赏丰子恺漫画《儿童不知春，问草何故绿》及《父与子》漫画节选

《糟糕透了的家庭作业》，完成任务：用符号标注漫画中的夸张元素，如简洁的线条、独特的配色、放大的手势、变形的表情等。

（2）小组讨论与提炼。

分组：四人一组。

讨论问题：

问题1：文本中的"细节描写"如何与漫画中的"夸张画面"对应？

示例：魏巍写蔡老师"嘴角有一颗黑痣"，漫画可能用放大痣的尺寸来突出特征。

问题2：如何通过具体事例让读者感受到老师的性格？

示例：梁实秋通过风趣幽默的语言、饱含深情的笔调，为读者刻画了一个貌丑性凶却敬业爱生的教师形象，对应漫画，可设计老师手中的戒尺变形成"惊雷"的画面。

成果产出：每组完成一张思维导图，标题为"如何通过事例与画面突出人物特点"，包含以下分支：

分支1：文本中的典型事例与漫画中的对应画面设计。

分支2：情感表达手法。

2. 教师活动。

（1）示范分析。

以魏巍《我的老师》为例，投影原文段落，逐步拆解。

步骤1：标出细节描写（如"教鞭轻轻敲在石板边上""嘴角有一颗黑痣"）。

步骤2：提问学生，如果将这些细节画成漫画，你会如何设计？

强调核心原则：文字细节是漫画的灵感来源，但需要通过变形放大情感。

（2）提供工具与模板。展示学生的优秀案例，如用"对比分镜"表现老师生气与微笑的反差。

（3）指导临摹练习。要求学生临摹丰子恺漫画中的某一场景，重点模仿其简洁的线条与夸张的表情。

巡回指导，纠正常见问题（如"线条太复杂，失去漫画的简洁感"）。

（4）教师总结：漫画创作需"形神兼备"——"形"是夸张的视觉表达，"神"是真实的情感抒发。今天的阅读与分析，是为了让大家理解，好故事需要扎根于细节，而好画面需要升华于想象。

学习活动二：漫画技法实训（跨学科学习）

【活动时间】第2课时（美术课）。

【活动地点】美术教室。

【活动安排】观察素材，设计老师的漫画形象及分镜场景。

【活动过程】

1. 学生活动：草稿设计。

小任务1：观察笔记中的老师的特点，设计老师的漫画形象。

要求：突出1~2个标志性特征（如卷发、圆框眼镜、大步走路的姿势等）。

工具：使用分镜模板，规划四格画面，呈现一个完整场景（如"课堂趣事""课间交流"等）。

小任务2：撰写简短文字说明，要求用夸张的语言描述画面，并结合情感关键词（如"幽默""温暖""严格"等）。

小任务3：小组互评与优化。

交换草稿，按以下标准提出建议：

标准1：漫画形象是否具有辨识度？

标准2：分镜画面能否独立讲述故事？

2.教师活动。

（1）巡回指导。

针对线条问题：用长线条勾勒轮廓，短线条表现细节。

针对色彩问题：冷色调背景（如蓝色）可突出暖色调人物（如黄色）。

（2）优秀案例展示。

（3）教师总结：漫画是真实的变形，但变形中要有真实的影子。今天的练习是让大家学会在观察的基础上大胆想象——把老师的温柔画成阳光，把严厉画成闪电，让每一笔都充满情感的温度。

子任务二：观察实践

目标：通过多角度观察与记录，积累真实、生动的素材，为漫画创作提供细节支撑，培养细致观察与分类整理能力。

【活动内容】多角度观察记录。

【活动时间】课后1个月。

【活动地点】校园。

【活动安排】

1.观察内容。

（1）记录老师的外貌特征（如发型、着装、标志性饰品等）。

（2）捕捉语言习惯（如口头禅、讲课语调、常用鼓励语等）。

（3）关注行为细节（如板书姿势、批改作业动作、课间交流方式等）。

2. 记录形式。

（1）文字笔记：每日至少记录 3 条观察笔记，包含具体事例与细节。

（2）视觉素材：拍摄照片或绘制速写，定格"老师的瞬间"（如开怀大笑、弯腰辅导学生）。

【活动过程】

1. 学生活动。

（1）每日观察与记录（贯穿 1 个月）。

小任务 1：文字记录。

要求：以"时间＋事件＋细节"格式记录，避免笼统描述。

小任务 2：视觉记录。

拍摄：用平板电脑或手机拍摄老师的动态瞬间（须提前征得同意）。

速写：用简笔画勾勒老师的特征（如标志性动作或表情）。

（2）素材分类与整理（周末集中完成）。

幽默事件：凸显老师风趣、可爱的言行（如课堂金句、搞笑互动等）。

感人瞬间：展现老师关怀学生或敬业精神的场景（如带病上课、深夜批改作业等）。

特色动作：标志性肢体动作或习惯（如推眼镜、捋头发、快步走路等）。

整理工具：使用活页本或电子文档，按类别分页，每类至少包含 5 个素材。

素材分类与整理表如下：

类　别	时　间	事件描述	关联情感
幽默事件			
感人瞬间			
特色动作			

2. 教师活动。

（1）定期检查与反馈（分两次进行）。

第一次检查（第 2 周）的重点是观察记录的完整性与细节的丰富度。

反馈模板：

亮点：捕捉老师独特的口头禅（如"这道题，稳了"）。

改进：需补充场景中的情感描写（如学生听到口头禅时的反应）。

第二次检查（第3周）的重点是素材分类的逻辑性与漫画的转化潜力。

（2）提供工具与指导。

分发"事例＋细节＋情感"三联表。

事例 （发生了什么）	细节 （具体如何发生）	情感 （传递什么情感）
老师课堂模仿角色	假声念台词，手挥折扇	欢乐、拉近师生距离
……		

（3）教师总结：观察是创作的种子，细节是情感的养料。这一个月的记录，让大家真正走进老师的日常，发现那些容易被忽略的闪光点——一个手势、一句唠叨、一次微笑，都可能成为漫画中最动人的画面。接下来，我们需要将这些"种子"浇灌成作品，让细节在夸张中绽放真实的力量。

子任务三：创作展示

目标：将观察素材转化为完整的"'漫画'恩师，'漫话'师恩"作品，通过分镜设计与文稿撰写实现图文互补，最终通过展览与反思深化创作理解。

学习活动一：漫画设计与文稿撰写

【活动时间】第3课时（语文课）。

【活动地点】教室。

【活动安排】

1. 分镜设计：将素材转化为2~4格漫画，注意画面节奏与重点。

2. 文稿撰写：用夸张的语言匹配画面，增强情感表达。

3. 小组互评：按标准优化图文细节，提升作品的完整度。

【活动过程】

1. 学生活动。

（1）分镜设计。

步骤1：选择核心素材。从观察记录中挑选1~2个最具表现力的场景

（如"课堂金句频出""课间互动"）。比如，学生 A 选择"张老师一边批改作业一边哼歌"这一素材，计划用四格分镜表现。

第一格：张老师坐下，一边批改作业一边哼歌，周围有音乐符号（♪）环绕。

第二格：手速加快，笔尖拖出残影。

第三格：作业本堆成小山，张老师擦汗。

第四格：学生递上作业，张老师头顶冒热气，喊"下一批"。

步骤 2：绘制分镜草稿。

（2）文稿撰写。

要求：

语言风格：夸张、幽默，突出漫画感（如使用比喻、拟声词等）。

情感表达：每段文字需对应画面情感（如温暖、幸福、感人）。

（3）小组互评。

2. 教师活动。

（1）范例展示与解析。范例：动态表情 + 对比构图。

（2）针对性指导。如指出问题：图文脱节。

（3）总结与工具强化。

教师总结：分镜是故事的骨架，文字是故事的血肉。今天的创作让大家看到，好的漫画不仅需要生动的画面，还需要用文字为画面注入灵魂——让读者笑中带泪，泪中见情。

学习活动二：作品展览与反思

【活动时间】第 4 课时（综合实践课），10 月 8 日。

【活动地点】多功能厅。

【活动安排】

1. 展览布置：按主题分区展示作品，设置"最佳创意作品""最感人作品""最佳视觉作品"投票箱。

2. 讲解与反思：学生阐述创作思路，填写反思表。

3. 评选与反馈：教师结合评价表总结共性问题，提出改进方向。

【活动过程】

1. 学生活动。

（1）展览讲解。

小任务 1：展位布置。

每个学生负责自己的展板，包含：漫画作品（A3 尺寸，装裱展示）、漫话习作（400 字）、创作手记（200 字以内，说明灵感来源与设计思路）。

小任务 2：现场讲解。

学生轮流担任讲解员，回答参观者的提问。讲解重点：最满意的画面设计；表达了什么情感。

（2）填写反思表。

问　　题	我的反思
你最满意的部分是什么？	
创作中最大的困难是什么？	
如果重来一次，你会如何改进？	
通过项目学到了什么新技能？	

（3）参与评选。

投票规则：每个人投三票（选出"最佳创意作品""最感人作品""最佳视觉作品"）。

2. 教师活动。

（1）组织展览与投票。

（2）活动反馈。

（3）成果存档与延伸。

（4）教师总结：创作是探索的过程，展览是成长的见证。今天的展览不仅展示了大家的才华，更让我们看到，每一幅漫画背后都是一颗感恩的心。希望你们记住：老师的伟大不仅在画中，更在你们的笔下和心里。

六、项目成效

1. 能力提升。90% 的学生掌握了"具体事例 + 细节"写作方法，85% 的作品实现了"图文互补"。学生的观察笔记平均字数从 200 字提升至 400 字，细节丰富度提高了 60%。

2. 情感升华。学生通过"漫画＋漫话"创作，深化了对老师的理解，80% 的作品包含"感恩金句"。

3. 跨学科融合。美术与语文协同教学，75% 的学生尝试动态分镜设计，40% 的作品使用色彩象征情感。

4. 成果延展。优秀作品汇编成册，作为校本课程案例保存。班级有三份作品入选了学校公众号的"师生情"主题展示。

七、项目反思

本项目通过结构化反思促进学习深化。项目成果反思安排在图文作品初稿完成后，聚焦作品的事件典型性、突出特点、语言风格、画面表现、图文互补及情感表达等方面的达成度。项目过程反思则在作品展览期间或之后进行，学生填写反思表回顾项目学习的经历（任务、学习、协作、体验），思考主要收获、自身优势与不足等，旨在培养其元认知能力，同时为教师改进项目设计提供反馈。

习作以真实情境任务（策划教师节作品展）为驱动，将习作过程转化为"做人"（感恩）、"做事"（观察、创作、协作、展示）的实践。强调能力应用与跨学科融合，关注读者意识与交际目的，使学生感受到习作的价值。通过深度学习，学生提升了运用图文结合的方式解决实际问题的能力，在知识、技能与情感上获得综合发展。该项目的价值在于促进学生的深度学习和全面发展，并明晰了持续优化的路径。未来的教学实践将在不断反思、迭代和创新中，更有效地提升学生的核心素养和解决真实问题的能力，让每一次创作都成为连接心灵、记录成长、传递温暖的宝贵经历。教师也在项目的设计、实施与反思中，实现了教学能力的发展。

北京景山学校　徐伟

课例 17

制作爱的回馈纪念册

——五年级上册第六单元教学设计

一、项目简介

由于中国人表达爱的方式比较含蓄，所以，可以通过跨学科实践活动，让学生在生活中感知、感受、回馈父母之爱，落实统编版语文教材五年级上册第六单元"用恰当的语言表达自己的看法和感受"这一语文要素。为了完成本次活动，我们设置了"寻找爱、读懂爱、回馈爱"三个任务，层层递进，跨生物学、信息科技、道德与法治、数学、美术、劳动等学科，并根据每个任务的设计情况灵活布置实践作业，或前置，或后置，最终形成一份图文并茂、感恩父母、可观可感的纪念册，为自己的成长留下宝贵记忆。

二、项目情境任务

根据以往教学经验，学生通过第六单元的学习，都能体悟到父母对子女浓浓的关爱，但是当结合自身，用恰当的语言表达父母对自己的爱体现在哪儿或如何回馈父母时，很多学生语言贫乏，事例不具体，更不了解其他有关父母之爱的故事，作文平淡枯燥不感人。为此，我们设计了三项任务六个活动，包括调查自己的成长经历，用演讲表达爱、搜亲子好文讲故事、观亲子电影写感受、记录为父母做的事、给父母写封信。学生在真实的生活情境中，既是调查者、发现者、实践者，又是情感输出者，亲身体验生活中被忽视的父母之爱，并且学会以多种方式主动回馈父母之爱，提高自身语言表达能力，促进学生对这一主题的深切体验和思索。

三、学习目标

核心目标	成果表现	素养表现	评价指标	
			能力层级	具体描述
学会以多种方式表达爱。	汇集活动成果，装订成"回馈您的爱"纪念册。	1. 识字与写字	知道	
			理解	
			做到	
		2. 阅读与鉴赏	知道	知道父母之爱有多种不同方式。
			理解	能理解父母之爱的表现形式为什么不同。
			做到	能赏析体现父母之爱的新颖词句，体会表达的独特之处。
		3. 梳理与探究	知道	能圈画、朗读、摘录体现父母之爱的新颖词句。
			理解	能联系上下文、生活、想象等理解体现父母之爱的新颖词句。
			做到	能发现作品中父母表达爱的不同方式，并用语言进行总结。
		4. 表达与交流	知道	能乐于分享父母对自己的爱。
			理解	能发现父母对自己爱的特别之处，选择一两件事用新颖的词句进行表达。
			做到	能以多种方式表达对父母之爱。

四、项目评价

（一）成果评价

超出成功标准	满足成功标准	接近成功标准	远未达到成功标准
符合所有成功标准，并满足以下两点： 1.访谈父母养育自己的经历并录制视频，标题吸引人，语言表述清楚，有字幕，画质清晰，音乐代入感强。 2.能录制手势舞、吟诵或唱歌小视频向父母表白，视频画面精美。	1.调查成长过程中的坎坷事例，制作视频。 2.搜集关于父母之爱的文章，讲故事。 3.下载关于父母之爱的电影，写观后感。 4.感恩节帮父母做一件家务，拍照片。 5.画一幅表达父母之爱的画、制作贺卡。 6.写信发送到父母邮箱里并截屏。	至少满足成功标准中的3~5条。	满足成功标准中的1~3条。

（二）能力评价

子任务一：寻找爱		
学习活动一："调查成长经历"过程性评价	内容真实，有数据、有图片。	☆☆
	能说出自己成长过程中父母的付出。	☆☆
学习活动二："用演讲表达爱"过程性评价	内容真实客观。	☆
	生动具体，能突出人物形象。	☆
	内容有一定启发性，能结合生活实际把其中的道理浅显易懂地讲出来。	☆

子任务二：读懂爱			
学习活动一："搜亲子好文讲故事"	过程性评价	故事名称（10分）	
		内容真实客观（10分）	
		内容生动具体，能突出人物形象（20分）	
		能把其中的道理浅显易懂地讲出来（10分）	
		语言简练（20分）	
	表现性评价	表演吸引人，符合人物身份（30分）	
	总　分（100分）		
学习活动二："观亲子电影写感受"	过程性评价	语句通顺，层次清晰。	☆☆
		语言优美，有真情实感。	☆☆
		能结合生活实际写出感受。	☆☆

子任务三：回馈爱			
学习活动一："记录为父母做的事"	过程性评价	帮父母做一件家务（10分）	
		唱或吟诵关于母爱的诗歌（20分）	
		画一幅画表达对父母的爱（20分）	
		做贺卡，写小诗（30分）	
		向父母表白（20分）	
	总　分（100分）		
学习活动二："给父母写封信"	过程性评价	语句通顺，层次清晰。	☆☆
		语言优美，能结合生活实际和本次实践活动写出真情实感。	☆☆

五、项目实施

（一）提出问题

组织实践活动，落实五年级上册第六单元"用恰当的语言表达自己的看法和感受"这一语文要素，将语文和科学、信息科技、道德与法治、音乐等学科结合起来。了解父母对自己的爱还有哪些，阅读名人父母之爱的故事，学写读后感、演讲稿等文体，学会以多种方式回馈父母之爱，提高语言表达能力，从而促进学生对这一主题的深切体验和思索。

（二）项目准备

1.资料准备。

（1）关于父爱的好文：朱自清《背影》、汪曾祺《多年父子成兄弟》、余杰《父亲的自行车》、贾平凹《祭父》、杨振宁《父亲和我》等。

（2）关于母爱的好文：杨绛《回忆我的母亲》、冰心《母爱》，以及《孟母三迁》《黄香温席》《孟母买肉啖子》《封坛退鲊》等。

2.行动准备。

（1）拟定采访母亲的提纲，注意措辞合理。

（2）观看关于父母之爱的电影，写观后感。

（3）感恩节帮父母做一件家务。

（4）用吟诵、歌唱、手势舞的方式录制小视频向父母表白，学习把视频转为二维码的方法。

（5）画一幅关于表达父母之爱的画。

（6）节日为父母做贺卡。

（7）注册个人邮箱，写一封信发送给父母。

（三）总体安排

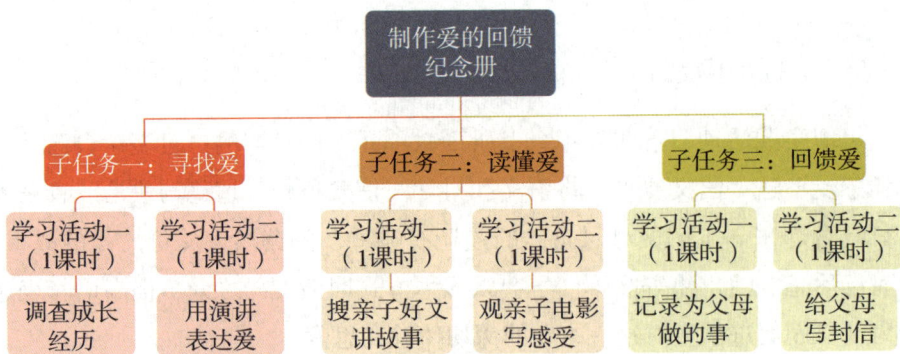

（四）具体过程

子任务一：寻找爱

学习活动一：调查成长经历

1.情境导入，产生共鸣。

（1）在父母的精心照料下，你一天天长大，其间一定发生了许多难忘的事，接下来是成长故事会时间……

（2）学生上台分享（成功、快乐、波折、风险、意外等），体会父母养育不易。

（3）教师根据学生的回答，关联口语交际部分，让他们阐述不同父母的做法，感受不同形式的父母之爱。回忆自己生活中是否有过类似的经历，和同学在小组内交流。

2.组内交流评价。

学习活动二：用演讲表达爱

1.讲述故事，体会深情。

学生在故事会的情境中分享父爱与母爱。进入情境，明确流程。故事主持人宣布活动流程，共两个环节。

（1）由各小组派一名代表参赛，真情实感讲述自己与父母之间发生的故事。

（2）其他小组畅谈感受。

2.参加"爸爸妈妈，我想对你说"演讲比赛。

3.评价交流，完善提升。

（1）依据标准，进行评价。

（2）交流反馈，完善提升。

子任务二：读懂爱

时　间	地　点	学习活动安排
两篇精读课文学之前	家中、学校	搜亲子好文 讲故事
两篇精读课文学完后	家中、学校	观亲子电影 写感受

学习活动一：搜亲子好文讲故事

1.亲子故事我来读。

开展"亲子故事知多少""书中的亲子故事"两个活动，激发学生阅读亲子故事的兴趣，借助思维导图梳理故事情节，整体感知故事主要内容，促进亲子故事课外自主阅读。

2.亲子故事我来讲。

创设真实情境，复述搜集的亲子故事，让学生在活泼多样的语言实践中讲述亲子故事。讲述时要抓住人物的动作、语言、心理描写，体会它们在表达情感时的作用。

3.亲情小剧场。

（1）根据"口语交际"提供的例子，讨论交流父母如何表达对孩子的爱，你怎样看待他们的做法。学生畅所欲言，并以角色扮演的方式，根据感兴趣的故事，开展"亲子小剧场演一演"活动。

（2）根据标准进行评价打分。

学习活动二：观亲子电影写感受

1.观看亲子电影。

布置学生观看关于父母之爱的亲子电影，比如《天堂的张望》《7号房的礼物》《当幸福来敲门》《全民目击》《妈妈，再爱我一次》……

2.回顾经典情节，交流角色。

电影中有很多描写父母之爱的镜头，哪个让你印象最深、最感动？选择自己最喜欢的镜头和同学进行交流。

3."爱"的表达。

电影结束了，我们在抹眼泪的同时，相信大家一定深有感触。同学们，子欲养而亲不待，岁月易老，时光清浅，我们一天天长大，父母一天天老去，我们怎样在有限的生命轨迹里带给父母幸福感呢？请拿起笔写一篇观后感。

子任务三：回馈爱

时 间	地 点	学习活动安排
第六单元学习开始前一周	家中、学校	记录为父母做的事
第六单元全部学完后	家中、学校	给父母写封信

学习活动一：记录为父母做的事

1.爱的行动。学生以小组为单位进行分工，完成回馈父母之爱的一两件事。

（1）感恩节帮父母做一件家务。

（2）用唱歌、吟诵或手势舞的形式录制小视频向父母表白。

（3）画一画"我们幸福的一家"。

（4）父亲节或者母亲节为他们做贺卡，写一首小诗。

2.爱的展示。通过展示，评出优胜小组。

3.爱的交流。全班交流反馈，再次修改完善。

学习活动二：给父母写封信

心里有话大胆说。

1.指导选材。

学生回忆和父母相处的每一个瞬间，选择自己想说的话，在"○"内打"√"，并完成表格右边对应项目的填空。

○爸爸妈妈很爱我，他们为我做了许多事，我想谢谢他们的爱。	爸爸妈妈，谢谢您_____。 爸爸妈妈，_____（哪件事）真的让我很难忘。
○爸爸/妈妈的一些做法，我原来不理解，现在长大了，终于理解了他/她的良苦用心。	爸爸/妈妈，那次我终于明白了_____。
○爸爸/妈妈的一些教育方法或生活习惯等，我不能接受，想和他/她沟通交流。	爸爸/妈妈，我有一个建议，请您_____ _____。

引导学生交流：天下没有不爱自己孩子的父母。他们的爱，你是怎么感受到的？你敢不敢大胆表达？请拿起笔给爸爸或妈妈写下爱的留言条。

```
┌─ ─ ─ ─ ─ ─ ─ ─ ─ ─ ─ ─ ─ ─ ─ ─ ─ ─ ─ ─ ─ ─ ─ ─ ┐
             爱的留言条

  _____:

     您的爱藏在_____里，我_____您!
└ ─ ─ ─ ─ ─ ─ ─ ─ ─ ─ ─ ─ ─ ─ ─ ─ ─ ─ ─ ─ ─ ─ ─ ─ ┘
```

全班交流。

2.对某些事的不同看法。

父母虽然对你倾注了爱，但他们也许并不完全了解正在成长中的你。相信你也会有一些诉求，或者和爸爸妈妈在某些方面有不同的看法。请拿起笔给爸爸或妈妈留言。

爱的留言条

_____ ：您能不能 _____。

_____ ：我可不可以 _____。

_____ ：我多么希望 _____。

全班交流。

　　学习活动三：心里有话详细说

　　1.引导学生讲述心里话及背后的故事。

　　（1）同桌互相讲述自己与父母之间的故事。学生能讲出事件的起因、经过和结果，描述出故事的大致内容。

　　（2）追问：怎样才能讲出故事的画面感，让故事具体可感，真正打动人心呢？

　　（3）教师总结方法：融入故事、巧妙开头、细节描写生动、面部表情符合故事情节、肢体动作协调等。

　　2.指导学生动笔表达。

　　（1）让学生动笔在信纸上写一件事，自查修改。

　　（2）教师点评。

六、项目成效

　　本项目开展的实践活动，联动课堂内外、学校内外，从学生的过程表现、能力发展等角度来看，主要有以下成果：

　　1.调查成长过程中的坎坷，列举其中一个事例，讲父母对自己的爱，大部分同学能说出具体事例，但相关感受谈得较为浅显。

　　2.讲父母之爱的故事这一环节对那些善于用语言表达的孩子来说，能力提升较快。但是，因为时间短、方言不同和学生表达能力欠缺，大部分孩子表达不流畅，提取信息的能力还稍显不足。

　　3.观亲子电影写观后感部分，因为写读后感这一训练出现在五年级下册第二单元，所以对于同类型的观后感写作，学生大多局限在对电影内容的书写上，谈感受的部分较少。

4.感恩节帮父母做一件家务，上交照片人人都能完成。

5.录制向父母表达爱的小视频，转换为二维码，提高了学生的信息技术应用能力，知道了视频的另一种传播方式。因为有表演能力的孩子较少，能够呈现出来的作品质量和数量大多不尽如人意，只有极少数学生的作品比较优秀。

6.画画、做贺卡向父母表达爱，学生大都能做出来。虽然质量参差不齐，但是体现了孩子们的能动性，有利于提升学生的设计和绘画能力。

7.给父母写一封信，成功发送到父母邮箱里并截屏。大部分学生在四年级上学期已经学会如何申请邮箱，能顺利完成此任务，巩固了在信息科技课上学到的知识。

七、项目反思

本项目的三个任务的落实，处处以学生为主导，培养了学生综合运用多学科知识解决实际问题的能力，提高了交流沟通、团结协作和实践创新的能力。

但是，教师的安排部署不太科学，将大部分活动放在了单元学习结束后，且活动较多，导致作品提交不多，而且质量不高。尤其是语言表达类活动的落实，受到多方面因素的影响，如学生准备不充分、不自信等，语言交际能力还不能很好地在教学中落实。

针对以上问题，提出以下建议：

1.因为整本书阅读从中年级已经开始，教师对读后感或观后感的指导可以前置。

2.把实践活动与单元整体教学设计结合起来，提前部署。

3.涉及其他学科的，如信息科技能力，可以跟信息科技老师沟通，相互配合完成相关任务。

河南省灵宝市教研室　赵飞燕
河南省灵宝市第一小学　张凤英

课例 18

宣传中国的世界文化遗产
—— 五年级下册第七单元教学设计

一、项目简介

"寻迹遗珠，宣传中国的世界文化遗产"项目式学习活动适用五年级学生。在跨学科学习基础上，我们设计了"生发遗珠问题大思考""争做遗珠文化小使者""布置遗珠文化创意展"三个主要任务，时长 4 周，共 8 课时，力求将语文、信息科技、美术等学科融入活动中来。通过项目课程，教师引导学生亲身调研与实地考察，提升其实践与表达能力。本项目旨在综合利用所学知识，调研中国的世界文化遗产现状，制作旅游攻略、文化周边，宣传中国的世界文化遗产。

二、项目情境任务

统编版语文教材五年级下册第七单元习作要求描写中国的世界文化遗产，因此我们推出"寻迹遗珠，宣传中国的世界文化遗产"项目式学习活动。学生们可借助实地考察或查阅资料等方式，制作旅游攻略、文化周边，将写、画、讲等多种表现形式融合起来，力求成为中国的世界文化遗产宣传大使，同时借助撰写宣传视频脚本与拍摄视频的方式，推广我国的世界文化遗产。

三、学习目标

核心目标	成果表现	素养表现	评价指标	
			能力层级	具体描述
在习作中运用静态描写和动态描写；介绍一处中国的世界文化遗产。	制作旅游攻略，拍摄中国的世界文化遗产宣传视频。	1. 识字与写字	知道	
			理解	
			做到	
		2. 阅读与鉴赏	知道	能正确、流利、有感情地朗读课文，概括文章主要内容。
			理解	能体会静态描写与动态描写的表达效果。
			做到	能在习作中运用静态描写与动态描写，体验其作用。
		3. 梳理与探究	知道	能搜集中国的世界文化遗产相关资料。
			理解	能将搜集到的资料整理、归类。
			做到	能摘录资料中的优美词句，找到文中静态描写与动态描写的相关语句。
		4. 表达与交流	知道	能乐于分享调研的中国世界文化遗产现状，与同学交流感受。
			理解	能用积累的语言材料，特别是静态描写与动态描写的语句，撰写宣传视频脚本。
			做到	能制作中国的世界文化遗产旅游攻略，借助图片或 PPT 讲述中国的世界文化遗产，并尝试拍摄宣传视频。

四、项目评价

（一）成果评价

超出成功标准	满足成功标准	接近成功标准	远未达到成功标准
符合所有成功标准，并满足以下两点： 1.将制作的旅游攻略和宣传视频进行投稿。 2.走进身边中国的世界文化遗产，亲自为游客讲解。	1.搜集并归类整理中国的世界文化遗产介绍资料。 2.选择某一角度撰写中国的世界文化遗产宣传脚本，并运用静态描写与动态描写，撰写内容翔实。 3.制作中国的一处世界文化遗产旅游攻略，图文并茂。 4.根据搜集到的资料，利用所学知识设计文化周边，产品适用于日常生活。 5.利用脚本，完整制作一条宣传视频，配音介绍流畅，图文匹配。	至少满足成功标准中的3~4条。	满足成功标准中的1~2条。

（二）能力评价

分　类	超出成功标准	满足成功标准	接近成功标准	远未达到成功标准
小组合作能力	符合所有成功标准，同时小组按照预期计划提前保质保量完成任务，在活动过程中有多处体现出小组合作，每个组员承担相应的工作。	所有的学生都积极参与小组活动，为小组活动献计献策。	3/4的学生积极参与小组活动，为小组活动献计献策。	仅有一两个学生参与小组活动，活动不能按进度安排进行。

分　类	超出成功标准	满足成功标准	接近成功标准	远未达到成功标准
搜集、筛选资料能力	符合所有成功标准，并满足以下两点： 1. 按照自己的需要检索相关资料，并准确提取与自己研究主题相符的内容。 2. 能够在筛选资料后，整理并形成本组的资源库。	1. 有目的地选择中国的一处世界文化遗产，并搜集相关资料。 2. 对课内外资料进行精心挑选和整合。 3. 有条理地归类相关资料。	至少满足成功标准中的2条。	满足成功标准中的1条。
撰写与表达能力	符合所有成功标准，并满足以下两点： 1. 能自主撰写一份宣传稿。 2. 能利用图片、视频等不同方式进行宣传介绍。	1. 有针对性地描写一处中国的世界文化遗产宣传脚本，思路清晰。 2. 流利地介绍一处中国的世界文化遗产。 3. 制作一条切入点恰当、内容完整的宣传视频。	至少满足成功标准中的2条。	满足成功标准中的1条。
设计创新能力	符合所有成功标准，并能自主融入相关历史文化及传说故事制作旅游攻略。	1. 设计的旅游攻略科学合理、清晰明确，宣传号召力强。 2. 设计的文化周边精致美观，有实用性、创意性。	1. 设计的旅游攻略科学合理、清晰明确。 2. 设计的文化周边精致美观，具有实用性。	1. 设计的旅游攻略科学合理。 2. 设计的文化周边具有实用性。

五、项目实施

（一）提出问题

学生提问：2024年暑假，我与妈妈参观了几处我国的世界文化遗产，但是发现它们的宣传方式与建筑风格都大致相同，导致我没有太多兴趣。为什么它们能被选入世界文化遗产呢？

（二）项目准备

1. 教师准备。

（1）组织系列活动中的第一部分：发布"寻迹遗珠"课程海报，明确本活动的学习目标和重点。在活动先导课上，引导学生了解文化遗产赖以生存的生态环境面临严峻危机，让更多同学关注文化遗产问题。

（2）发放调查问卷：中国的世界文化遗产知多少。教师从问卷中总结出学生从语文课本、家人或学校宣传等方面了解到的身边的世界文化遗产，但大多数同学对中国的世界文化遗产没有更深入的了解。

（3）做好活动（搜集资料、整理资料、实地参观，以及制作宣传手册、旅游攻略及文化周边等）中的学生分组工作。全班共分六组。

2. 学生准备。

（1）完成调查问卷：中国的世界文化遗产知多少。

（2）小组搜集、整理资料，实地参观世界文化遗产，制作宣传手册、旅游攻略、文化周边，并在展示中讲述其历史故事与存在价值。

（三）总体安排

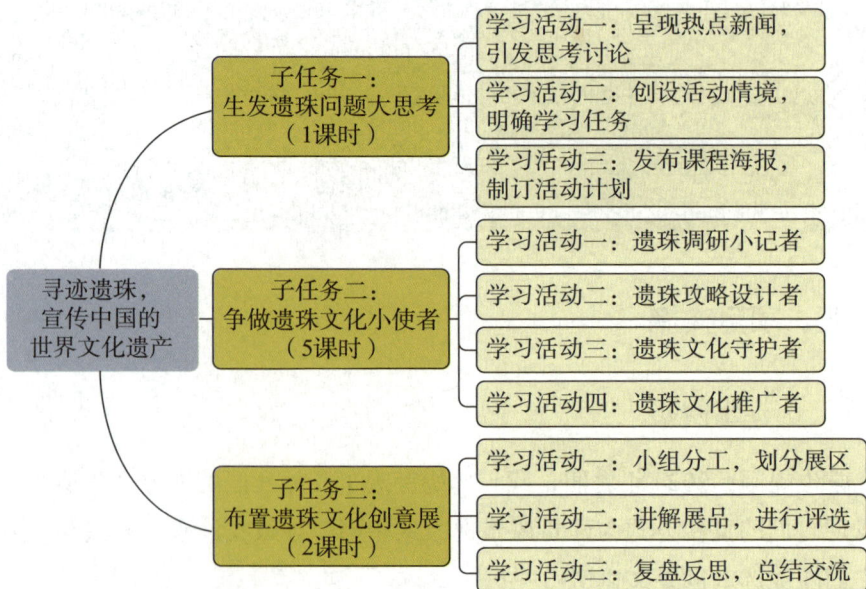

（四）具体过程

子任务一：生发遗珠问题大思考

学习活动一：呈现热点新闻，引发思考讨论

1. 呈现热点新闻。

出示新闻内容，游客"晒"文创食品、饮品的旅游现象，探讨旅游地文创食品、饮品"热"的原因——观祖国大好河山，观的是国人心中的那份文化底蕴。

2. 学生交流讨论。

预设：2024年暑假，我与妈妈参观了几处我国的世界文化遗产，但是发现它们的宣传方式与建筑风格都大致相同，导致我没有太多兴趣。为什么它们能被选入世界文化遗产呢？

学习活动二：创设活动情境，明确学习任务

"足下万里，移步换景，寰宇纷呈万花筒。"在本学期语文第七单元的学习中，我们见识了别致的水上城市威尼斯、安逸的牧场之国和绝妙的金字塔，其实我们国家也有许多令人骄傲不已的世界文化遗产，为了展示这些凝结着我们祖先智慧的沧海遗珠，我们决定举办一次"遗珠文化创意展"。

学习活动三：发布课程海报，制订活动计划

1. 教师发布课程海报。

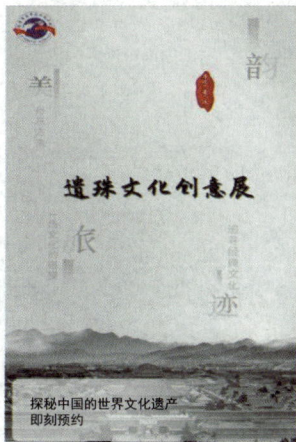

2.学生讨论，制订活动计划。

子任务二：争做遗珠文化小使者

学习活动一：遗珠调研小记者

1.各小组制订调研计划，选用不同的调研形式。

预设：各组以中国的世界文化遗产特点类别为选题，如建筑特色、人文内涵、历史故事、发展现状和未来发展规划等，采用实地考察、人物访谈、查阅资料、问卷调查等形式进行。

2.通过实地参观或在线探访某处中国的世界文化遗产网站进行了解。

3.调查反馈，关注意义与价值。

（1）请大家交流课前搜集好的资料，并按照类别整理。

教师引导学生重点关注中国的世界文化遗产，为后续项目的完成作准备。

（2）呈现课前问卷调查。

预设：我们发现部分游客对中国的世界文化遗产关注程度较少，对价值和意义也不明确，因此不理解为什么要传承和保护它们。

（3）完成素养评价表。

评价标准	评价得分
我能按照小组的调研计划，完成自己的分工内容。	
我在制作信息采集表时思路清晰。	
我能通过不同的调查形式，进行资料搜集。	
我能分类整理查找到的相关资料，做到条理清晰。	
我能正确、流利地分享调研内容。	
我在整理过程中，对中国的世界文化遗产感兴趣，增强了民族自豪感。	
总分	

注：每完成一项计1分。

学习活动二：遗珠攻略设计者

1.学生分组亲身游历"目的地"——中国的世界文化遗产。

2.小组合作，分类梳理"目的地"，书写观后感。

教师引导学生联系课内知识，抓典型符号、核心特点，写作时运用静态描写和动态描写。

3.小组汇报参观感受。

教师引导学生发现中国的世界文化遗产有着悠久历史、绝妙外观和浓厚的人文内涵。

4.完善攻略。

（1）分门别类作提示。

教师引导学生将中国的世界文化遗产按照建筑特色、人文内涵和历史背景等进行归类整理，规划旅游路线，作好旅游提示。

（2）巧手设计画图纸。

同学们，根据科学课上的梳理，这节课我们一起绘制一份内容清晰、图文并茂的旅游攻略。

（3）化身导游讲攻略。

学生以小导游的身份，借助PPT、微视频、思维导图等形式介绍旅游攻略。

学习活动三：遗珠文化守护者

1.问题剖析，坚定传承信念。

（1）在课前，同学们搜集了文化遗产保护的相关手段及现状，下面请小组作相关数据展示。

预设1：2020年，世界文化遗产中37项遗产、108处遗产地的保护经费总数达105.3亿元，与2019年相比减少30.68亿元，同比下降22.5%。

预设2：2020年，我国世界文化遗产保护经费中投入最多的是人员公用，占总经费的44.06%；其次为环境整治工程，占比18.81%；其他类型的经费占比均在10%以下。

预设3：遭受人为破坏的世界文化遗产地数量持续下降。2020年，7项遗产、7处遗产地遭受了人为破坏，占遗产地总数的6.48%。其中4项属于违法活动，8 项属于蓄意或无意的破坏活动。

（2）分析文化遗产行业面临的挑战，总结后制图。

2. 头脑风暴，立足中华优秀传统文化。

根据课前搜集到的一份帖子《为什么不建议大家去世界文化遗产——十三陵？》，请同学们为十三陵"平反"。

（1）呈现不建议参观十三陵的条目：

①游客太多。

②门票价格高。

③交通不便。

④文化内涵不够深。

⑤建筑特色单一，没有看点。

（2）学生分享应对措施：

①推荐游客选择适当的时间——为十三陵游客设计旅游时间攻略，并介绍其相应时节特色。

②推荐游客选择合适的交通方式——为十三陵游客设计旅游路线与出行方式。

③推荐游客深入了解历史和文化——为游客讲解十三陵的历史和文化内涵，深入了解十三陵的历史和文化。

④体验文化活动——游客可以选择参加十三陵的文化活动，比如祭祀活动、历史文化讲座等，深入了解十三陵的文化内涵。

3. 制作周边，生发文化认同。

在假期，同学们带着本组的调研方向进行了实地考察。在考察的过程中，学生发现许多景点门口开始贩卖具有景点特色的文化周边，如故宫书签、天坛集章册、十三陵明信片等，这不仅激起了游客兴趣，也创造了可观的收益。这部分收益用于建筑的维护，可使景点的修缮越来越好。接下来，我们就要探讨怎样用文化创新的方式使中国的世界文化遗产内涵真正地"活"起来。

（1）观察不同类型的文创产品，讨论设计特点。

（2）小组合作，设计文创产品。

（3）小组展示，介绍本组设计理念。

（4）全班交流评价。

评价内容：文化周边是否具有实用性、普及性、创新性；是否能提出改进想法和建议。

学习活动四：遗珠文化推广者

1.遗珠文化我来写。

（1）教师引导，选择合适的素材。

同学们，著名的风景区往往有很多景点，每一处景点要介绍的内容也很多，如历史背景、独特风光、有关传说等。我们在介绍时不可能面面俱到，所以在取材时要选取最有特色的风光来写。

（2）小组合作，撰写宣传稿。

教师引导学生在小组内交流自己的构想，列提纲。

分组交流，师生共同完善习作要求。

拟定题目：本次习作主题是中国的世界文化遗产，文题可以根据所选择的中国的世界文化遗产的名字来拟定，也可以不受其限定。

表达形式：可以是解说词、导游词等，借助图片、表格等辅助形式来表达。

凸显重点：抓住文化遗产的特点进行描写，把它的现状、形态描写下来，让读者对所写的文化遗产有一个整体的印象。

故事穿插：穿插历史故事或者传说，把文章写得更加有趣。叙述故事或引用材料时，如涉及直接引用别人的话，需要注明资料的来源。

（3）交流赏析，提出修改意见。

展示有突出特点的习作，集体评价，教师作重点评价。

2.遗珠文化我拍摄。

（1）小组合作，编辑多媒体素材。

教师引导学生对脚本进行加工，让学生结合小组拍摄的照片与视频，将文稿录音，对视频与照片进行剪辑，制成中国的世界文化遗产宣传视频。

（2）小组展示。

（3）班级交流评价。

3.遗珠文化我播报。

（1）焦点访谈——主播进行播报展示。

（2）班级交流讨论。

子任务三：布置遗珠文化创意展

学习活动一：小组分工，划分展区

1.根据兴趣进行分工。

2.设计海报、展台。

3.布置展区。

学习活动二：讲解展品，进行评选

1.展品讲解。

教师引导学生进行展品讲解，根据活动情况实时分析，重点突出展品设计理念。

2.观众进行展品评选。

学习活动三：复盘反思，总结交流

1.观看活动历程视频。

2.学生回顾活动过程中待改善的环节。

3.教师总结。

六、项目成效

在前期准备阶段，让学生通过填写世界文化遗产的调查问卷、实地打卡、记录调查报告、采访中国的世界文化遗产现状等方式进行"热身"。在调查过程中教师发现，学生存在对中国的世界文化遗产的意义价值认识不足、对中国的世界文化遗产的创新与传承的意识不明确、对创新和传承与自我的联系不重视等问题。因此，教师将本活动的主题确定为"寻迹遗珠，宣传中国的世界文化遗产"，逐步培养学生的实践精神，为引导学生传承中华优秀传统文化贡献自己的力量。

教学过程坚持教、学、评一致，对学生的实时反馈与全面评价必不可少。所以，在活动展示中，设置了数据展示、焦点访谈、问题剖析、主播宣讲等活动，充分关注了学生的主体性和思辨性，让其沉浸式参与其中。

本活动以"沉浸式润心"理念为指导，遵循小学生身心发展规律，按照氛围渲染、活动体验、反思提升三个步骤，以"境—情—理—行"为教学路径，层层推进，圆融一体，贴近了新时代育人的脉搏。

七、项目反思

在4周的项目式学习中，教师尝试放手让学生自己去搜集整理资料、设计旅游攻略与文化周边、撰写宣传脚本并拍摄视频，在组织与分工、活动实践、评价与复盘环节把时间全交给学生。从起初的组内合作不畅到后期组间的完美搭配，学生与教师都获益良多。学生根据自己的兴趣爱好和特长进行组队，并选择适合本组的成果展示。在不同的环节中，虽然遇到许多超出学生能力范围的棘手问题，但他们丝毫没有气馁，而是通过网络调研、查询图书资料和实地考察等方式尽力解决，还能从中习得许多新技能。

本活动也有需要再完善、反思的地方。比如，在实地考察环节，由于目的地较多，教师做的计划安排并不详细；成果展示分配不均，部分成果的表现形式十分受学生欢迎，而个别成果的表现形式学生反响平平。这些都有待改进。

北京市昌平区二毛学校　冯青秋

课例 19

打造苏轼主题餐厅

——六年级上册第四单元、第八单元教学设计

一、项目简介

此项目适用于六年级学生。统编语文教材更加重视学生语文素养的培养，强调阅读体系的建构。结合语文教材六年级上册第四单元"快乐读书吧"中的整本书阅读指导、第八单元"走近鲁迅评价人物"，我们以"遇见苏轼"为主题，融合语文、艺术、信息科技等学科知识，设计"遇见苏轼"主题餐厅、苏轼小剧场、微电影拍摄等活动，促进学生在个性阅读的基础上合作探究，引领学生在真实的语言情境中，锻炼语言文字运用能力。

在整个项目实施过程中，学生首先要进行《苏东坡传》的整本书阅读，其次进行餐厅图稿设计和微电影剧本编写，并完成餐厅模型制作和微电影拍摄，最后进行餐厅展示讲解和微电影发布。

二、项目情境任务

在六年级上册的语文教学中，教师以"走近鲁迅"为主题，设计了一系列富有创意和教育意义的教学活动。这一项目式学习是在学生已经对所搜集的资料、人物品质感受，以及通过语言、动作、神态描写体会人物内心等技能有所掌握的基础上进行的。

教师通过整合学过的知识点，让学生在阅读学习中实践运用这些技能，

并重视培养学生的人文精神，引导学生深入理解人物的爱国情怀和高尚品质。同时，项目任务设计还鼓励学生聚焦场景，通过具体事例来展现人物的特点。

学生在四年级和五年级所学知识的基础上，积极参与到六年级的主题学习中。他们不仅仅是学习者，更是观察者、探索者和传播者。

在共读《苏东坡传》的活动中，学生被苏轼的才情所吸引，从探索者转变为讲述者，希望更多的人能够了解并欣赏苏轼。

为了让更多人了解苏轼，学生讨论并最终决定开展"遇见苏轼"主题餐厅设计活动。在这一过程中，部分热衷表演的学生开设了"苏轼小剧场"，进行了苏轼微电影的拍摄。

这个活动旨在让每一位走进餐厅的顾客都能通过苏轼的诗词、美食和故事，感受到苏轼留下的精神财富。

在本教学设计中，涉及的活动任务包括：

1. 共读《苏东坡传》，深入了解苏轼的生平和作品。

2. 参与"遇见苏轼"主题餐厅设计，将与苏轼有关的文化元素融入餐厅布置和服务中。

3. 在"苏轼小剧场"进行苏轼微电影的表演和拍摄，创造性地呈现苏轼的故事和诗词。

4. 通过餐厅中的诗词展示、美食制作和故事讲述，让顾客全方位体验苏轼的个人魅力。

通过这些活动，学生不仅加深了对苏轼这位文学巨匠的认识，还在实践中提升了自身的语言表达能力、团队协作能力和创新思维能力，同时也为校园文化生活增添了一抹亮色。

三、学习目标

核心目标	成果表现	素养表现	评价指标	
			能力层级	具体描述
通过整合、实践，以创意形式表达对中华优秀传统文化的认同。	"遇见苏轼"主题餐厅展示讲解和苏轼微电影发布。	1. 识字与写字	知道	
			理解	
			做到	
		2. 阅读与鉴赏	知道	能完成《苏东坡传》整本书阅读，初步了解苏轼。
			理解	能搜集、分析、整合资料，理解苏轼在诗词、美食、艺术、为官等各方面的成就。
			做到	能个性化解读人物，能够对人物进行评价，感受人物的人格魅力。
		3. 梳理与探究	知道	能选择最能体现苏轼性格、爱好、才华等特点的故事。
			理解	能通过联系相关资料、同学讨论等方式，理解故事背后体现的人物特点。
			做到	能将相关的资料进行加工，制作餐厅装饰，撰写剧本，同时说清楚理由。
		4. 表达与交流	知道	能说清自己的设计意图，将主题设计进行具有审美的可视化呈现。
			理解	在了解苏轼的基础上，能创造性表达和弘扬中华优秀传统文化。
			做到	能通过微电影表演、主题餐厅介绍的方式，进行跨媒介学习成果的分享交流。

四、项目评价

（一）成果评价

超出成功标准	满足成功标准	接近成功标准	远未达到成功标准
符合所有成功标准，并满足以下两点： 1.倾听别人发言，综合不同人的观点，从中产生新的创意点。 2.跨媒介展示人物特点。	1.通读《苏东坡传》整本书。 2.查阅相关信息，梳理苏轼的人生经历。 3.筛选整合信息，多角度评价人物特点。 4.创造性地运用信息编写苏轼微电影剧本；完成具有苏轼文化特色的模型制作。 5.有条理地介绍餐厅设计；分工合作，有感情地运用语言、肢体完成角色表演。	至少满足成功标准中的4条。	满足成功标准中的1~3条。

（二）能力评价

完成学习成果的能力评价			
维　度	精　通	进　阶	低　阶
学科知识技能	跨媒介展示人物魅力。	筛选整合信息，多角度评价人物特点；创造性地运用信息设计餐厅特色装饰和剧本。	查阅相关信息，梳理苏轼的人生经历。
个人成长	有良好的执行力。	能够换位思考，通过别人的发言激发自己的创造力。	能够沟通、倾听和有效表达。

小组合作管理评价表					
评价内容	小组成员				
	成员1	成员2	成员3	成员4	成员5
他/她与小组其他成员是否互动良好?					
他/她的行为对小组其他成员是否产生正面影响?					
他/她的观点对小组其他成员是否有所启发?					
他/她参与小组讨论的程度如何?					
在小组讨论中,他/她是否能够倾听他人的发言?					
当意见发生分歧时,他/她是否会重新思考自己的结论?					

评价说明:请在小组成员名字下方填写符合情况的分值,其中,从不(0分),偶尔(1分),经常(2分),总是(3分)。

餐厅设计自评表						
评价内容	评价指标	评价等级				得　分
		非常符合	比较符合	略有体现	没有体现	
有清晰的主题	主题与项目目标一致,有内涵。	5	4	3	1	
有主色调	整个设计色调统一,主色调与主题相关。	5	4	3	1	
有模型实物	有与设计图样一致的实物模型。	5	4	3	1	
有与主题相关的设计	有与主题相关的设计实物模型。	5	4	3	1	
模型美观,景致有条理	模型的景致布置有分区。	5	4	3	1	
设计有新意	设计有原创性。	5	4	3	1	

主题餐厅设计解说自评表

评价内容	得 分
时间控制在 5~6 分钟（解说稿在 1000 字左右）。	□（1分）
解说中涵盖了主题餐厅的整体设计和各区域设计。	□（1分）
解说时能突出餐厅的主题特色。	□（1分）
解说详略得当，重点介绍 3~5 处设计。	□（1分）
解说时考虑到了合理的顺序安排。	□（1分）
能脱稿解说。	□（1分）
解说大方得体，声音响亮。	□（1分）
就解说词与小组同学进行过交流，并能够根据反馈进行修改。	□（2分）
总分	

微电影剧本评价表

评价内容	评价指标		
剧本故事	内容生动感人，有 3 个及以上关于人物的真实故事，能够多角度地表现人物特点。	有 2 个关于人物的真实故事，情节中有 2 个矛盾冲突，情节连贯。	有 1 个关于人物的真实故事，情节中有 1 个矛盾冲突，能够体现人物的特点。
剧中人物	人物形象立体，性格特点有多面性，如果能体现出思想、情感变化就更好了。	人物心理、动作描写细致、真实，人物情绪变化合理。	人物心理、动作描写细致、真实。
剧本语言	语言符合人物特点，能够准确表达剧中人物的内心世界，有较强的感染力。	语言能够贴近人物特点。	语言通顺，有细节描写。
得分	3分	2分	1分

微电影表演评价表			
评价内容	评价指标		
角色表演	表情、动作恰如其分，能够凸显出人物特点。	能够从神态和肢体语言中看出人物的心情。	角色分配合理，比较符合人物性格。
角色台词	台词表达能够彰显人物形象。	台词表达语气符合人物心情。	台词流畅，吐字清晰。
道具	有符合人物年代的衣帽和背景。	所用道具和历史相吻合。	有代表人物特色的服饰。
音乐	音乐符合故事情节需要，能将观众带入人物的情绪中。	音乐贴合故事情节需要，适当渲染气氛。	根据故事情节音乐有变化。
得分	3分	2分	1分

五、项目实施

（一）提出问题

如何让更多的人了解苏轼？怎样完成苏轼主题餐厅的设计？

（二）项目准备

1. 利用零散时间播放央视纪录片《定风波》。
2. 去过杭州旅行的同学进行旅游分享，讲述有关苏轼的故事。
3. 班级共读《苏东坡传》，并进行讨论交流。
4. 有条件的同学进行主题餐厅体验分享。

（三）总体安排

核心概念： 通过整合、实践，形成有效交流沟通，弘扬中华优秀传统文化

项目主题： "遇见苏轼"

驱动性问题： 怎么能让更多的人遇见苏轼?

项目阶段： 项目启动 → 项目探索 → 项目跟进 → 项目汇报

项目阶段	项目启动	项目探索	项目跟进	项目汇报
次驱动性问题	苏轼是个什么样的人？为什么用主题餐厅的形式去介绍?	怎样设计主题餐厅?	怎样实施设计?	如何介绍苏轼主题餐厅?
子项目	初步了解苏轼，规划主题餐厅设计方案；确定餐厅设计方案	绘制餐厅平面设计图；模型、菜谱设计；戏剧表演设计、定剧本	制作主题餐厅模型；整合创造；戏剧表演；拍摄剪辑	作为餐厅主人向顾客介绍苏轼，体验中华优秀传统文化
探究活动	阅读视频资料等、观看书本《苏东坡传》、阅读苏轼相关人物；采用思维导图等形式，归纳人物特点和生平经历；A组 确定戏剧表演方案和、B组 规划主题餐厅设计方案	功能A组 确定主题餐厅区域；菜谱设计：选取代表菜、美食作品…；B组 选材确定戏剧剧本、选材、定剧本	餐厅菜谱制作、餐厅环境创造、合作表演、拍摄、海报宣传、剪辑；制作主题餐厅模型、整合创造、戏剧表演、拍摄剪辑	列提纲、撰写解说词；完善解说词，评价反思；传播中华优秀传统文化；撰写解说词、介绍主题餐厅、戏剧公映
项目时长	1课时；1课时	1课时；1课时	3课时/组	1课时；1课时；1课时
对应学科	语文；语文	语文、数学；美术	艺术、数学；信息科技	语文；语文；信息科技
学习支架	学习单、思维导图；问题解决流程图	设计小样、探究性对话；剧本初稿	合作规则、主题餐厅模型；阶段成果评价表	成果评价量表；成果评价量表
项目成果	方案规划	设计小样、审辩思维决策力；剧本初稿	主题餐厅模型；反思	跨媒介成果展示交流；成果展示交流
素养表现	文化理解与传承素养；创新素养	审辩思维决策力	创新素养；合作素养	语言运用；文化理解与传承素养；文化理解与传承素养

（四）具体过程

子任务一：任务启动——让世界遇见苏轼

学习活动一：引入驱动性问题

1. 了解苏轼。

播放央视纪录片《定风波》。

到六年级我们已经背诵了许多苏轼的诗词，对这个诗人，同学们了解多少呢？

在你的生活中，什么时候、什么地点"遇见"过苏轼？

2. 班级共读《苏东坡传》，分享交流。

以思维导图的方式分享苏轼的生平经历和特点。

3. 提出驱动性问题。

越了解苏轼就越喜欢这个人，他是我们中国人的骄傲，我们用什么样的方式，才能让更多的人遇见苏轼、了解苏轼、爱上苏轼呢？

随着讨论的深入，全班同学达成共识——设计"遇见苏轼"主题餐厅，并在餐厅内设置"苏轼小剧场"。美食吸引，文化打底，让更多的人"遇见苏轼"。

学习活动二：发布任务，制订方案

1. 发布任务。

"遇见苏轼"主题餐厅设计

2000年，法国《世界报》组织评选1001—2000年间的"千年英雄"，全世界一共评出12位，苏东坡名列其中，是唯一入选的中国人。苏轼给中国乃至世界留下了浓墨重彩的一笔。为了让更多的人了解苏轼，了解他诗词的文化内涵，了解他给世人留下的宝贵财富，了解他成为"千年英雄"背后的故事，同时培养同学们的参与意识和创新能力，展示个性才情，我们开展了以"遇见苏轼"为主题的餐厅设计方案征集活动。

一、设计要求

1. 设计内容：餐厅设计能够多视角展示苏东坡的人生经历、艺术成就、人格风范和生活哲学，让顾客在多空间、多主题、多情境下，感受苏东坡。

2.充分考虑中外顾客特点，菜谱设置有趣味故事，有地方特色，有文化内涵。

3.餐厅要有整体设计与实施过程的全程记录，可以通过笔记、图片、视频等多种方式展示项目完成的全过程。

4.所有的资料选用、模型制作由团队分工合作完成或自主完成。

5.所有的设计成果能明确表达设计意图，全方位展示视觉效果。

二、作品形式

作品表现形式不限，可以是电脑制图、手绘图、手工作品、表演等，最终以视频、解说员解说的方式介绍。

2.解读任务，提出问题。

看到设计要求，学生提出一些问题。

（1）要让更多的人"遇见苏轼"，了解中华优秀传统文化，该怎么设计主题餐厅？

（2）怎样选出有代表性的资料，全面展现苏轼的特点？

（3）苏轼的美食、故事一定是历史上真实出现过的吗？

（4）主题餐厅中可以用哪些形式来展示苏轼？

3.确定核心任务，制订方案。

学生讨论解决问题的路径，暴露难点问题。有些问题在讨论中得到解决，有些问题需要进一步探讨，以此确定该项目需要完成的子任务，并将之排序。

（1）确定主题餐厅中需要设计的区域。

（2）在小剧场和餐厅设计中体现苏轼具有代表性的作品、美食和故事。

（3）制作模型，设计菜谱，拍摄微电影。

（4）介绍"遇见苏轼"主题餐厅和微电影。

依据学生设定的任务，将学生分为两个大组：A组是模型组，B组是表演组。每个大组又分为两个小组。

在此任务中，教师引导学生读懂项目要求，思考团队合作公约，并讨论决策出整个项目的实施计划。

子任务二：分解任务——小组分工、设计

学习活动一：选择苏轼具有代表性的作品、美食和故事

1.探讨选材标准。

主题餐厅要布置文化墙，应选择苏轼的哪些作品？

利用课前5分钟和校本诵读课，同学们轮流在全班进行苏轼作品赏析，讲述苏轼的故事，分享苏轼的美食。每个同学在分享的同时要说明自己选择的理由。

分享结束后开展班级论证会，全体同学投票确定苏轼的作品、美食、故事的选择标准。

> 选择的原则和标准：
> 　　1.选择的作品、美食和故事能代表苏轼的才华、性格（豁达、爱民、刚正、不惧挫折）。
> 　　2.选择的作品、美食和故事能代表中华优秀传统文化。

2.选材。

依据《苏东坡传》的阅读积累，深入探究所选作品、故事背后的含义，小组内论证，挑选出符合标准的作品、故事。

A组学生通过对苏轼的诗词、贬谪之地进行研究，确定了餐厅设计的主题，进行小景设计，凸显苏轼文化。

B组学生梳理苏轼的生平及朋友圈，将微电影内容聚焦于苏轼与亲人、朋友、敌人的故事来展示人物特点，选择典型故事编写剧本。

当小组成员产生分歧时，可以采取组内讨论的方式，或是在班级问题墙上给出自己的选择并表明理由，全班同学投票决定。这个过程中，教师要全程参与，适当指导，起到引领作用。

本阶段随着讨论的深入，同学们的分歧也在增加。如何更好地进行团队合作？可以借助"小组合作管理评价表"。

学习活动二：确定团队成员任务

拟定小组协议：

我们的共同目标是：_____

项目需要的角色和任务：_____

我们选的团队领导者是：_____

每个人的角色和任务：_____

团队将如何处理内部出现的各类问题：_____

团队公约
·认可并利用每个成员的才能。
·以团队的方式设计和创造成果。
·为团队成员提供有用的反馈，并在其他人需要时帮助他们。
·产生不同意见时，充分阐述观点，最后少数服从多数。

学习活动三：A、B组分别设计框架

1. A组的工作。

（1）设计餐厅区域。

①小组成员各自画出餐厅设计草图，张贴展示，海选出5个优秀方案。

②优秀方案的同学在全班讲解设计理念，再次投票在5个方案中选出2个。

③根据大家的意见，最终选出2个方案，分成2个项目小组，根据自己的设想完成主题餐厅的设计。

（2）根据设计图，制作纸质模型。

在整体设计的基础上，对主题餐厅的不同区域进行设计，并制作纸质模型。

对设计图和纸质模型进行展示，参考同学评议进行修改。

2. B组的工作。

（1）确定苏轼微电影的表演内容。

①参加苏轼微电影表演小组的同学对微电影内容进行讨论，各自提出剧本编写方案。

第一个方案：按照苏轼的成长历程——童年、青年、壮年、老年，选取其中的重要事件，将其改编成剧本，表演录制。

第二个方案：按照苏轼待过的地方——眉州、杭州、惠州、儋州，选取苏轼在这些地方发生的故事进行剧本编写，表演录制。

第三个方案：按照苏轼耳熟能详的作品——《水调歌头》《江城子》《念奴娇》等，选取其中具有重要意义的，将其编成朗诵剧。

第四个方案：按照苏轼一生中与朋友、亲人、敌人发生的故事进行剧本编写，表演录制。如苏轼与王安石亦敌亦友的关系、苏轼与苏辙之间深厚的兄弟情、苏轼与朋友相处的趣事等。

②对目前所具备的条件和完成不同方案所需要的条件进行对比、讨论、分析，最后确定选择第四个方案。

（2）编写剧本。

①先列出提纲，确定好事件。

剧本编写方向——苏轼一生中与朋友、亲人、敌人发生的故事，比如苏轼与王安石亦敌亦友的关系、苏轼与苏辙之间深厚的兄弟情、苏轼与朋友相处的趣事等。

②初步完成剧本草稿。

③组内讨论，演员试演，完成剧本修改。

子任务三：探索实施——制作模型、拍摄微电影

学习活动一：制作主题餐厅模型

1.制作餐厅外部模型。

发挥小组成员的才能，动手能力强的同学先进行模型外部制作。

2.在餐厅外部模型装饰中落实内部主题设计。

进行软装的同学制作墙面装饰、招牌、对联、包间名牌等。

3.组装完成主题餐厅模型。

学习活动二：拍摄微电影

1.团队一起研读剧本，演员深入理解剧中人物的情感，理解故事背后人物的性格特点及要展示的设计主题，揣摩如何表现人物。

2.在班级表演，通过他人评价完善表演。

3.发挥团队成员的特殊才能，完成视频拍摄、剪辑。

子任务四：合作展示——展示"遇见苏轼"主题餐厅和微电影

学习活动一：撰写解说词

作为"遇见苏轼"主题餐厅的设计者，学生该如何向别人介绍餐厅？

1.搭好介绍的提纲与框架，确定好"先整体后部分"的解说结构，然后进行细节的表述与补充。解说目标及要求如下。

> 在解说的过程中，运用准确、概括的语言，适度的音量，以及条理清晰的介绍让餐厅的顾客：
> 1.对主题餐厅的整体设计有清晰的了解。
> 2.对重点设计印象深刻。
> 3.对餐厅的装饰和菜谱表现出认可。

2.学生完成自己的解说词后，教师组织学生在小组中分享，并根据小组其他人提出的意见进行修改。

学习活动二：排练预演

排练预演时，学生可以结合"主题餐厅设计解说自评表"进行自我评价和评价他人，并根据评价调整自己的解说。

学习活动三：介绍主题餐厅、举行微电影公映仪式

1.主题餐厅介绍。

在学校开展"遇见苏轼"主题餐厅展，介绍主题餐厅的设计理念，讲述苏轼的故事与美食等。有请同学、老师、校领导和家长代表作为评委，利用评价表反馈意见，同时听取受众群体的评价和感受，进行改进。

2.举行微电影公映仪式。

完成视频剪辑之后，在学校集会时间举行微电影首映仪式，主演谈谈自己拍剧过程中对苏轼新的认识和理解、遇到的困难和解决办法。有请高年级学生、任课老师、校领导和家长代表作为评委，利用评价表反馈意见，并与观众互动、交流。

六、项目成效

1. 充分调动学生主动探索的兴趣，提升创意表达能力与文化修养。

以学生为中心这一理念贯穿整个项目式学习，教师引导学生发现问题，创设真实情境，让学生分析问题、解决问题。学生认识到自己的项目成果给他人带来一定价值，从而产生内驱力。

学生通过整本书阅读，梳理、鉴赏相关资料，理解了苏轼的人物品质和中国人的风骨，也逐渐理解中华优秀传统文化源远流长、丰富多彩的特点，在学习过程中不断提升自身文化修养。

2. 尊重学生自主分组，让他们学会合作。

项目式学习采取了学生自由组合的方式，让小组成员平等成长。教师引导学生用欣赏的眼光看别人、用审视的眼光看自己，学会恰当、有效地表达与沟通，让学生在真实的合作中提高元认知能力。

3. 评价反思，思维碰撞，培养学生的思维品质。

在活动过程中，时时评价，步步反思，提供了自主合作探究的支架，学生的学习真实发生。戏剧小组在编写剧本的过程中，提出"苏轼和王安石到底是朋友还是敌人"这个问题。学生在组内开展了一次小型辩论会，最后得出结论：二人是政治上的敌人，生活中的朋友。由此，该小组选择了"两人在朝堂上敌对""在变法上争论""在生活中欣赏"三个场景设计编写了剧本。在此过程中，学生对所阐述观点进行深入探究思辨，从而迸发出创新的火花。学生在发现问题—提出问题—解决问题的过程中，对学习的复杂性有更为深入的思考与研究。

七、项目反思

语文学科的项目式学习更像学科实践活动，依托教材，让学生在活动中灵活地、综合性地运用相关学科知识，解决真实的问题，发展个体的创造性思维。

　　建构项目式学习框架，有利于师生在项目学习中发展整体思维，避免一叶障目。在项目式学习的开展过程中，若整个活动的流程都由教师设计，会失去项目式学习的初衷。因此，我们在之前的单元整体教学框架图的基础上进行调整转化，建构出项目式学习的框架，让核心概念统摄整个项目学习过程，引导学生提出真正的驱动性问题，将项目实施过程中那些看似离散和单向的任务连接起来。这样的设计让相关活动既能体现教学的核心主旨，同时也更有灵活性，让学生的高阶思维能力和核心素养有质的飞跃。

　　同时，根据学生做项目的实际情况，调整计划和评价标准。俗话说，计划赶不上变化，学生进行跨学科项目式学习，对于教师来说，也是团队合作完成一个项目，在此过程中形成了教师与学生的学习共同体。学生在活动过程中遇到的问题，需要教师用项目式教学的思维，帮助学生解决。比如，师生共同进行表现性评价和成果评价。根据项目学习目标，在实施和出项阶段分别采用评价量表的形式，引领学生逐步完成项目成果，提高学生的元认知能力，促进高阶思维发展。

北京市丰台区东高地第三小学　孙雪梅、王爱萍

课例 20

传承国粹"大"艺术

——六年级上册教学设计

一、项目简介

"走进京剧'小'世界，传承国粹'大'艺术"是一个以语文学科为主线，融合音乐、美术、数学等学科知识，以感受京剧魅力、品味京剧韵味、探寻京剧名段、代言京剧文化为脉络且适用于六年级学生的项目。以"我为京剧做代言"为项目情境任务，教师设置"剧场初遇，感虚实世界""文中品味，融学科之美""寻觅品味，谈国粹之美""评唱画演，传文化之魂"四个子任务，通过课内课外相结合、多种学科相融合的学习和活动方式，引导学生结合自身的实际体验，以多学科的视角去了解、感受、品味、诠释、代言京剧文化，在多样化的活动中逐渐喜爱京剧文化并具备传承京剧文化的信心和能力。

二、项目情境任务

围绕项目主题和项目目标，教师设计"我为京剧做代言"项目情境任务，设置"剧场初遇，感虚实世界""文中品味，融学科之美""寻觅品味，谈国粹之美""评唱画演，传文化之魂"四个子任务，每个子任务下又有丰富的学习活动，使学生能以多学科视角讲述京剧故事、撰写京剧评词、唱演京剧片段、创作京剧画报，以而弘扬中华优秀传统文化，建立文化自信。

三、学习目标

核心目标	成果表现	素养表现	评价指标	
			能力层级	具体描述
能深入了解京剧文化，感受以京剧为代表的中华优秀传统文化的魅力，自觉弘扬中华优秀传统文化。	多学科视角讲述京剧故事、撰写京剧剧评、唱演京剧片段、创作京剧画报。	1. 识字与写字	知道	
			理解	
			做到	
		2. 阅读与鉴赏	知道	默读课文，通过勾画、批注的方式，提取、概括、整合关键信息。
			理解	聚焦关键语句，展开想象，感受京剧艺术的魅力。
			做到	小组合作，运用搜集、梳理、整合资料的方法了解京剧，有条理地交流观赏剧目后的感受以及对京剧的了解。
		3. 梳理与探究	知道	大致了解京剧与语文、数学、美术、音乐等学科的联系。
			理解	能深入了解京剧文化，感受以京剧为代表的中华优秀传统文化的魅力。
			做到	能搜集、筛选资料，会提取、整合所需的关键信息，结合语文、数学、美术、音乐等学科讲述、评价、创编京剧元素以及相关京剧文化。

核心目标	成果表现	素养表现	评价指标	
			能力层级	具体描述
		4.表达与交流	知道	在参与富有创造性的音乐活动中体验京剧的艺术魅力，了解京剧中"虚拟"的艺术表现形式。
			理解	能用不同的方式表达对京剧文化的热爱。
			做到	能以多学科的视角去搜集、整理有关京剧文化的素材，通过讲述京剧故事、撰写京剧评词、唱演京剧片段、创作京剧画报等方式表现对京剧的理解与热爱。

四、项目评价

（一）成果评价

观赏剧目效果评估标准			
项　目	满足成功标准	接近成功标准	远未达到成功标准
观剧记录单	观剧要点明确，有3条及以上。	观剧要点明确，有2条。	观剧要点明确，有1条。
	分类记录信息，有4类及以上信息。	分类记录信息，有3类信息。	分类记录信息，有2类信息。
	提出3点及以上问题或困惑。	提出2点问题或困惑。	简单提出问题或困惑。
小组交流观剧感受情况	结合丰富详实的资料谈感受。	结合丰富的资料谈感受。	结合资料谈感受。
	提出独到的见解。	提出自己的见解。	提出想法。

搜集整理京剧资料评估标准			
项　目	满足成功标准	接近成功标准	远未达到成功标准
搜集资料	3 种及以上渠道搜集资料。	2 种渠道搜集资料。	1 种渠道搜集资料。
	综合运用现代信息手段。	运用 2 种现代信息手段。	运用 1 种现代信息手段。
	资料全面且多样。	有 2 种以上资料。	有 1 种资料。
	能有中心、有条理地整合多种资料。	资料可信度高。	资料来源清晰。
整合资料	整合有中心、有条理。	能整合多种资料。	能整合 2 种以上资料。
	通过图文、表格等形式清晰呈现整合效果。	通过图文的形式清晰呈现整合效果。	清晰呈现整合效果。

多学科角度阐述京剧评估标准			
项　目	满足成功标准	接近成功标准	远未达到成功标准
模仿创作	尝试运用"唱念做打"等基本元素演练片段。	尝试运用 2 种京剧元素演练片段。	尝试运用 1 种京剧元素演练片段。
	尝试从 3 种学科角度创作京剧画报等。	尝试从 2 种学科角度创作京剧画报等。	尝试从 1 种学科角度创作京剧画报等。
阐述内涵	尝试以 3 种学科视角阐述京剧元素。	尝试以 2 种学科视角阐述京剧元素。	尝试以 1 种学科视角阐述京剧元素。
评价感受	尝试以 3 种学科视角评价京剧内涵。	尝试以 2 种学科视角评价京剧内涵。	尝试以 1 种学科视角评价京剧内涵。

（二）能力评价

评价项目	满足成功标准	接近成功标准	远未达到成功标准
核心要素	在阅读文本时能有效运用归纳、概括的思维能力，说出对京剧的了解。	在阅读文本时能运用分析与比较的思维能力，说出对京剧的了解。	在阅读文本时能运用联想与想象的思维能力，说出对京剧的了解。
	聚焦关键语句展开想象，感受京剧文化的魅力，学会鉴赏和评价某一京剧片段。	聚焦关键语句展开想象，感受京剧文化的魅力。	聚焦关键语句展开想象。
	搜集、梳理、整合相关资料，说一说或写一写对某一京剧元素的理解。	搜集、梳理、整合相关资料，说一说对某一京剧元素的理解。	搜集、梳理、整合相关资料。
跨学科学习能力	能从音乐、美术、数学等学科视角观赏京剧，感受京剧文化的独特魅力。	能从音乐、美术、数学等学科视角观赏京剧。	能从语文学科视角观赏京剧。
	从音乐、美术、数学等学科角度介绍某一京剧元素或文化。	从2种学科角度介绍某一京剧元素或文化。	从1种学科角度介绍某一京剧元素或文化。
	从音乐、美术、数学等学科角度诠释某一京剧元素或文化。	从2种学科角度诠释某一京剧元素或文化。	从1种学科角度诠释某一京剧元素或文化。

五、项目实施

（一）提出问题

京剧作为一种优秀的传统文化，有独特的魅力。但对于小学生而言，其晦涩难懂的唱词和复杂多变的舞台表现形式很难吸引大家去了解它、欣赏它，更谈不上传承它。如何结合学生现有的学科知识和生活经验，找到适合学生了解京剧的切入点，更多元、更现代化地了解京剧，让学生了解、品味、传承京剧的兴趣得以提升，做"传承京剧"的代言人?

（二）项目准备

运用信息化手段，前期运用信息检索方式搜集大量资料，保证课堂的科学性、正确性。运用交互式电子白板与演示文稿，丰富教学手段，有序推进课堂教学环节的展开。灵活组织、应用多种专业软件，如视频编辑软件Premiere、音乐编曲软件 Cubase，增强教学内容的解释力。

通过提前调研、观摩演出、搜集资料、小组汇报，学生进行新知识的前置自学，教师再开展教学，深化学生对于京剧知识的认知，实现翻转课堂，有效培养学生的自主学习能力。

提前设计多样化的作业形式，如小组合作、调查报告等，调动学生学习的积极性，符合"双减"政策，减轻学生过重的学业负担，同时具有针对性与实效性。

（三）总体安排

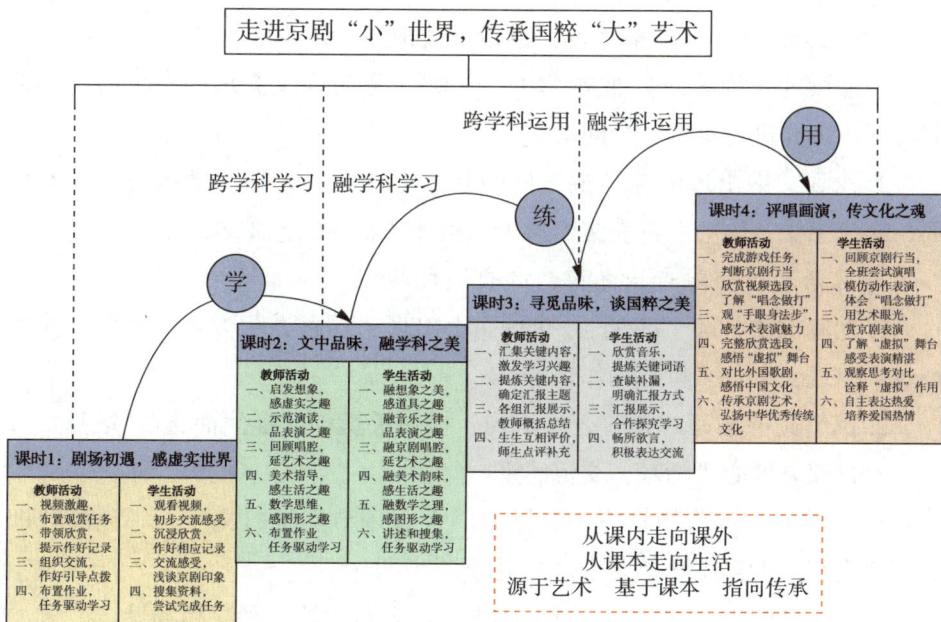

走进京剧"小"世界，传承国粹"大"艺术

跨学科运用　融学科运用　用

跨学科学习　融学科学习　练　学

课时4：评唱画演，传文化之魂

教师活动	学生活动
一、完成游戏任务，判断京剧行当	一、回顾京剧行当，全班尝试演唱
二、欣赏视频选段，了解"唱念做打"	二、模仿动作表演，体会"唱念做打"
三、观"手眼身法步"，感艺术表演魅力	三、用艺术眼光，赏京剧表演
四、完整欣赏选段，感悟"虚拟"舞台	四、了解"虚拟"舞台感受表演精湛
五、对比外国歌剧，感悟中国文化	五、观察思考对比诠释"虚拟"作用
六、传承京剧艺术，弘扬中华优秀传统文化	六、自主表达热爱，培养爱国热情

课时3：寻觅品味，谈国粹之美

教师活动	学生活动
一、汇集关键内容，激发学习兴趣	一、欣赏音乐，提炼关键词语
二、提炼关键内容，确定汇报主题	二、查缺补漏，明确汇报方式
三、各组汇报展示，教师概括总结	三、汇报展示，合作探究学习
四、生生互相评价，师生点评补充	四、畅所欲言，积极表达交流

课时2：文中品味，融学科之美

教师活动	学生活动
一、启发想象，感悟现实之趣	一、融想象之美，感道具之趣
二、示范演读，品演读之趣	二、融音乐之律，品表演之趣
三、回顾唱腔，延乐艺术之趣	三、融京剧唱腔，延美术之趣
四、美术指导，感生活之趣	四、融美术韵味，感生活之趣
五、数学思维，感图形之趣	五、融数学之理，感图形之趣
六、布置作业，任务驱动学习	六、讲述和搜集，任务驱动学习

课时1：剧场初遇，感虚实世界

教师活动	学生活动
一、视频激趣，布置观赏任务	一、观看视频，初步欣赏感受
二、带领欣赏，提示作好记录	二、沉浸欣赏，作好相应记录
三、组织交流，作好引导点拨	三、交流感受，浅谈京剧印象
四、布置作业，任务驱动学习	四、搜集资料，尝试完成任务

从课内走向课外
从课本走向生活
源于艺术　基于课本　指向传承

（四）具体过程

子任务一：剧场初遇，感虚实世界

学习活动一：观看视频，初步交流感受

1. 认真观看老师播放的50秒京剧选段，结合课前查阅的资料初步交流感受。

2. 仔细聆听有关观赏的注意事项，作好准备；继续查阅并了解有关剧目的背景资料。

学习活动二：沉浸欣赏，做好相应记录

遵守观赏纪律，用自己喜欢的方式作好记录，完成记录单。

学习活动三：交流感受，浅谈京剧印象

结合查阅的资料交流观赏剧目后的感受，以及对京剧的了解。

学习活动四：搜集资料，尝试完成任务

有目的地搜集资料，尝试完成任务。

子任务二：文中品味，融学科之美

学习活动一：融想象之美，感道具之趣

1. 默读《京剧趣谈》课文片段"马鞭"，思考课文介绍的有趣内容，将其勾画出来并进行批注，与同桌交流。

2. 找到文中出现的除马鞭以外的其他虚拟道具，抓关键词句，想象画面，交流感受，体会京剧表演中善于运用虚实相生的艺术表现手法。

学习活动二：融音乐之律，品表演之趣

1. 默读课文片段"亮相"，交流文中出现了几种亮相方式，分别在什么场景中出现，有什么特点和作用。

2. 找出文中描写对打双方的语句，抓住关键词"戛然而止""定身术"，想象对打双方的心理活动，交流感受。

3. 在老师的示范指导下，感悟并融合音乐节奏拍打桌子，师生配合朗读，感受京剧动静结合的艺术高妙之处。

4. 选择老师提前准备的道具，小组合作上台表演一种亮相场景。

学习活动三：融京剧唱腔，延艺术之趣

1.回顾在音乐课上学过的《京剧脸谱》，自行演唱。

2.配乐全班齐唱。

学习活动四：融美术韵味，感生活之趣

1.从美术的角度思考本课，完成拓展练习：古时皇帝用的器物都是黄色的，黄色象征尊贵，故马鞭也是黄色的；西楚霸王骑的是乌骓马，用黑色马鞭；吕布骑赤兔马，用红色马鞭；刘备骑的是的卢马，用白色马鞭；穆桂英是女子，骑桃花马，用粉色或者红色马鞭。

2.观看微课视频，了解马鞭的颜色和人物的服装搭配，感受整体色调统一而有韵味的京剧艺术之美，并进行交流。

学习活动五：融数学之理，感图形之趣

1.仔细观察脸谱中的图形特点，交流自己的发现，找出脸谱的"轴对称"规律。

2.挑选自己最喜欢的几种图案进行观察、研究，逐渐掌握图案绘制方法。

3.课后在电脑上自主设计与京剧相关的轴对称图形，进行班级展示。

学习活动六：讲述和搜集，任务驱动学习

1.总结课堂学习，从3种以上的学科角度去讲述自己了解到的京剧文化，同桌交流评价。

2.课后从语文、数学、音乐、美术等学科角度去搜集有关京剧及其剧目的资料，作好记录。

子任务三：寻觅品味，谈国粹之美

学习活动一：欣赏音乐，提炼关键词语

1.聆听《说唱脸谱》，提炼对于京剧理解有帮助的关键内容。

2.将关键词以词云方式呈现。

学习活动二：查漏补缺，明确汇报方式

根据学生已知形成的词云图，各小组有目的地搜集资料、查漏补缺，为小组汇报作准备。

学习活动三：汇报展示，合作探究学习

各小组将问题或观点及时共享在大屏幕上。

第一组汇报：京剧中的花脸（净）。

第二组汇报：脸谱的颜色。

第三组汇报：人物典故介绍。

第四组汇报：乐队伴奏——锣鼓经。

学习活动四：畅所欲言，积极表达交流

多角度地评述京剧，归纳总结。

子任务四：评唱画演，传文化之魂

学习活动一：回顾京剧行当，全班尝试演唱

1. 仔细聆听、辨别，判断京剧行当。

2. 归纳提炼每个行当的特点。

3. 尝试演唱。

学习活动二：模仿动作表演，体会"唱念做打"

1. 欣赏《拾玉镯》选段（喂鸡）。

2. 猜一猜，这个动作是什么并模仿。

3. 体会"唱念做打"中的"做"，再次欣赏视频，品味京剧中的四种艺术表现手段。

学习活动三：用艺术眼光，赏京剧表演

欣赏选段，感受京剧表演唱腔、舞台走位、虚实艺术等方面的独特魅力，进一步体会京剧表演艺术家"手眼身法步"基本功的扎实。

学习活动四：了解"虚拟"舞台，感受表演精湛

欣赏《拾玉镯》选段，评述艺术家表现了哪些虚拟场景。

场　景	虚实运用的道具
孙玉娇的闺房	
孙家喂鸡、卖鸡的院落	
孙玉娇做针线活	
……	

学习活动五：观察思考对比，诠释"虚拟"作用

1. 观察外国歌剧的舞台布景，对比外国歌剧与中国京剧，畅所欲言。

2. 从不同的角度，分别概括外国歌剧与中国京剧的区别。

3. 了解中国写意文化带给我们想象的空间。

学习活动六：自主表达热爱，培养爱国热情

绘制思维导图，介绍京剧。

六、项目成效

从能力发展角度看，学生通过项目式学习，能不断提升自己的语文素养和跨学科素养，发展自己的相关能力。在语文素养方面，学生能在阅读文本时有效运用分析比较、联想想象、归纳概括等思维能力，说出对京剧的了解；能聚焦关键语句展开想象，感受京剧文化的魅力，学会鉴赏和评价某一京剧片段；能搜集、梳理、整合相关资料，说一说或写一写对某一京剧元素的理解。在跨学科素养方面，能从音乐、美术、数学等学科视角观赏京剧，感受京剧文化的独特魅力，介绍某一京剧元素或文化。通过多样化的项目式学习活动，教师引导学生不断深入了解京剧文化，感受以京剧为代表的中华优秀传统文化的魅力，热爱中华文化，自觉传承中华优秀传统文化。

从学生的过程性表现和结果性表现看，在"剧场初遇，感虚实世界"学习任务中，教师通过评价观剧记录单记录情况，引导小组分享观剧感受，提升了学生记录要点和小组合作交流的能力。在"文中品味，融学科之美"学习任务中，教师通过评价学生搜集与整合、汇报与交流情况，提升了学生的参与热情及小组合作默契度等。在"寻觅品味，谈国粹之美"学习任务中，教师通过再次评价搜集与整合、汇报与交流情况，提升了学生锁定主题、分析缘由，以及从兴趣点出发多学科角度评述京剧的能力。在"评唱画演，传文化之魂"学习任务中，教师通过评价学生听辨行当、模仿表演、欣赏评述、对比分析等情况，提升了他们多角度阐述自己对京剧的理解和喜爱的表达能力。

七、项目反思

1. 引领学生关注综合性问题，在合作中走向深度学习。

本次跨学科主题活动以课文《京剧趣谈》为切入点，以语文学科为主线，牵引整个教学活动，实现了京剧与语文学科、数学学科、音乐学科、美术学科的有效整合与实践探索。在 4 个课时的整体设计中，要深入探索课时设计中学科融合和实践中出现的问题。"问题"是助力学生学习突破的关键所在，没有问题的学习是虚假的学习。学生在跨学科交流中产生综合性问题，更需要在寻求同伴合作、协同学习中走向深度学习。比如，在融合中会出现此类问题：京剧表演中的"马鞭"是如何产生的呢？作者介绍了哪些虚拟道具？你从中感受到了什么？生活中，哪些地方戏曲的虚拟道具让你觉得很有趣？层层深入的问题能引导学生从理论学习走向实践探索，实现跨学科融合学习的真正意义。

2. 关注学科交叉领域的资源利用，引领学生从课内真正走向课外。

学科之间的交叉领域有着极具潜力的创新增长点。有效地挖掘和利用学科融合的优势，对提高学生的综合素养和实践能力有重要意义。在具体教学活动中，教师要引导学生挖掘京剧与学科融合过程中的有效资源，比如课前搜集的有效信息、课堂中讨论生成的评价点、创编的京剧元素等。带着这些宝贵的资源和能力，学生走进剧场，尝试从学科融合的角度去观赏和评价剧目，然后再回到课堂。以学生的话语去诠释、演绎、创编京剧，找到让学生爱上传统京剧的有效形式，并将其梳理成经验，不仅是对学生综合素养的一种提升，也是传承中华优秀传统文化的一种有效路径。

北京市朝阳区芳草地国际学校　杨晓红、冯甜甜

课例 21

创建校园文物博物馆

——六年级下册教学设计

一、项目简介

　　本项目以学校语文文化月活动为背景，六年级语文教研组老师创新策划筹备，制订详细的活动方案，设计了"创建校园文物博物馆"的情境任务，下设"初见博物馆""文物进校园""文物宣传周""博物馆开放日"四个子任务，通过寻访家乡的文物古迹、以图文结合的形式介绍文物、征文"假如文物会说话"、为喜欢的文物写留言等活动，让学生感受不同媒介的表达效

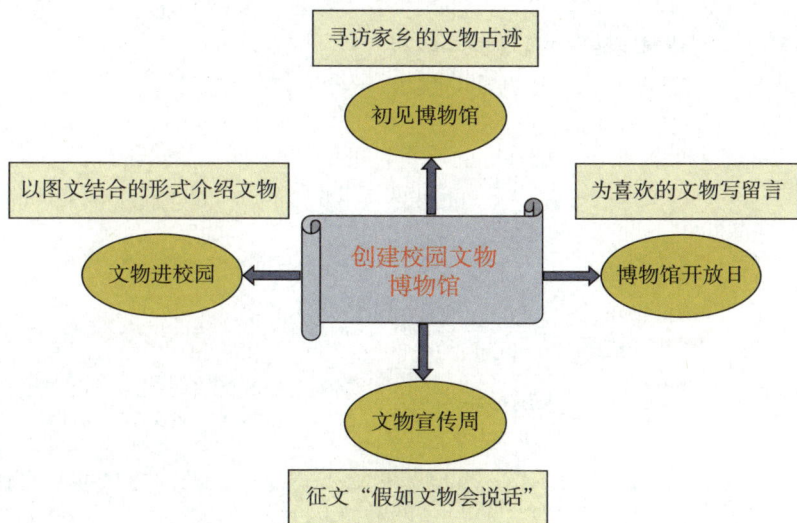

果，学习跨媒介阅读与交流的方式，初步运用多种方法整理和呈现信息。本项目用真实的驱动性任务激发学生的学习兴趣，旨在提高学生的整合能力、表达能力、写作能力等核心素养。

二、项目情境任务

文物既是学习历史的好素材，也是学习语文的好载体。在项目活动中，学生以"博物馆承建者"的身份通过实地参观、多途径搜集资料为校园文物博物馆的创建作准备；又以"文物宣传员"的身份绘制文物介绍卡，完成征文比赛，进一步了解文物；最后，以"博物馆参观者"的身份在博物馆开放日活动中为自己喜欢的文物留言。学生在一系列的项目中能更全面地认识文物、了解文物，感受祖国灿烂的历史，激发学生的民族自豪感，培养他们热爱祖国、热爱家乡的情感，也提高了学生搜集、整理资料的能力和语文核心素养。

三、学习目标

核心目标	成果表现	素养表现	评价指标	
			能力层级	具体描述
培养学生运用多种方法整理与呈现跨媒介阅读信息的能力。	完成校园文物博物馆的创建并进行展览。	1. 识字与写字	知道	
			理解	
			做到	
		2. 阅读与鉴赏	知道	能搜集关于文物的信息。
			理解	能在参观和交流时提出自己关于文物的看法，向往和追求美好的理想。
			做到	能受到优秀文物作品的感染和激励，作出自己的判断。

核心目标	成果表现	素养表现	评估标准	
			能力层级	具体描述
		3.梳理与探究	知道	能利用图书馆、博物馆、网络等渠道搜集文物的相关资料。
			理解	能学习跨媒介阅读的方式，初步运用多种方法整理和呈现信息。
			做到	能策划博物馆开放日活动，对策划主题进行讨论和分析，学写活动计划和总结。
		4.表达与交流	知道	能乐于分享参观博物馆时的见闻和感受。
			理解	能根据场合和对象，有条理地介绍文物。
			做到	能留心观察文物，有意识地丰富自己的见闻，并借助图片或视频描述文物，参与"假如文物会说话"征文比赛。

四、项目评价

（一）成果评价

项目名称	超出成功标准	满足成功标准	接近成功标准	远未达到成功标准
初见博物馆	符合所有成功标准，并满足以下两点： 1.愿意主动积极地参观和了解文物。 2.参观、了解文物后能向家人或同学介绍自己最喜欢的文物。	1.实地参观博物馆或文物陈列馆。 2.在图书馆查找文物资料，初步了解文物背后的故事。 3.咨询老师或其他人，了解文物信息。 4.借助网络资源，通过文字、音频、视频等了解文物相关信息。	至少满足成功标准中的3条。	满足成功标准中的1条。

项目名称	超出成功标准	满足成功标准	接近成功标准	远未达到成功标准
文物进校园	符合所有成功标准，并满足以下两点： 1. 图文结合，画面精美，能吸引读者。 2. 文字解说能突出文物特点，兼具故事性和趣味性。	1. 结合美术课上的相关知识，把自己最喜欢的文物用线描和素描的方式画出来。 2. 为文物配上文字解说。 3. 图文的排版、配色有一定的设计。	至少满足成功标准中的2条。	满足成功标准中的1条。
文物宣传周	符合所有成功标准，并满足以下两点： 1. 文章标题醒目，构思新颖，见解独特。 2. 文章可配上相关照片，图片注上简要、正确的文字说明。	1. 选题能够体现正确的价值观。 2. 涉及的历史文物描述准确，历史故事有较权威的来源，相关时间、人物、情节等有可考的细节。 3. 能做到言之有物，有感而发，以情动人，具有艺术感。	至少满足成功标准中的2条。	满足成功标准中的1条。
博物馆开放日	符合所有成功标准，并满足以下两点： 1. 至少能说出文物的2个特点。 2. 留言时有良好的书写，卷面美观，字迹干净、工整。	1. 在博物馆开放日能做到有序参观。 2. 能根据描述判断文物。 3. 能选出自己最喜欢的文物并说明理由。 4. 留言有真情实感。	至少满足成功标准中的3条。	满足成功标准中的1条。

（二）能力评价

　　学生在本项目中应做到主动弘扬中华优秀传统文化，展示新时代青少年的精神风貌，通过寻访历史文物，感受家乡优秀传统文化，激发爱乡、爱国的情怀。项目实施过程中，学生在开放的学习空间里，发展了探究、设计、组织、管理能力，也促进了主动学习、综合学习、实践学习等相关能力的发展，获得亲身参与实践的经验。

针对项目开展，教师制定了关注参与过程的评价标准。

评价内容	评价标准	个人自评	小组互评	教师评价
合作精神	1. 具备良好的合作意识。 2. 分工明确，主动承担自己的任务。 3. 能够有所成长，体现个人价值。	☆ ☆ ☆	☆ ☆ ☆	☆ ☆ ☆
能力提升	1. 能准确理解项目内容，提取关键信息，搜集、整理资料。 2. 能清晰、准确、流畅地表达自己的观点，包括口头表达和书面表达。 3. 能在项目活动中提出新颖的想法和创造性的解决方案。	☆ ☆ ☆	☆ ☆ ☆	☆ ☆ ☆
感悟收获	1. 在实践活动中了解文物的重要性。 2. 能够理解和欣赏文物，形成正确的价值观和审美观。 3. 能感受家乡优秀传统文化，激发爱乡、爱国情怀。	☆ ☆ ☆	☆ ☆ ☆	☆ ☆ ☆

五、项目实施

（一）提出问题

为响应学校的语文文化月主题活动，帮助六年级学生顺利参加"假如文物会说话"——乐山市博物馆、峨眉山博物馆主题征文活动，我们开展了"创建校园文物博物馆"的项目式学习活动，通过寻文物、画文物、写文物、评文物等学习活动，让学生完成本次项目研究。同时，通过多角度、全方位的体验，及自己创编手抄报、自主举办"博物馆开放日"活动，教师进一步引导学生认识中华优秀传统文化的灿烂成就，深刻地理解中华优秀传统文化的当代价值和时代意蕴，增强文化自信和文化认同。

（二）项目准备

1. 实地走访、参观博物馆。

2. 利用图书馆、网络等渠道广泛搜集相关文物资料。

3. 运用画一画、写一写、说一说等方式记录相关文物。

（三）总体安排

本项目式学习作为六年级学生语文文化月活动成果的体现，是以"文物"为载体、以学生为中心来设计和执行的。本项目实施分为四个子任务：初见博物馆——去博物馆参观，寻访家乡的文物古迹，并绘制参观路线图；文物进校园——以图文结合的形式介绍文物，制作文物推荐卡或文物手抄报；文物宣传周——完成征文"假如文物会说话"；博物馆开放日——参观校园文物博物馆，确定自己最喜欢的文物，并为其留言。各子任务目标明确，整个项目持续 1 个月。

（四）具体过程

子任务一：初见博物馆

【活动内容】去博物馆参观，绘制博物馆参观路线图。

【活动目标】认识博物馆，初识文物，绘制参观路线图。

【活动形式】班级初赛、年级决赛。

【活动过程】

1. 观看视频，了解博物馆。

（1）观看博物馆介绍视频，感受博物馆的独特魅力，进一步认识中华优秀传统文化的灿烂成就，深刻理解中华优秀传统文化的当代价值和时代意蕴。

（2）班级内完成分组，领取创建校园文物博物馆的相关任务。

2. 多途径搜集文物资料。

（1）利用空余时间到乐山市博物馆等地参观寻访，了解文物。

（2）到图书馆查找文物资料，初步了解文物背后的故事。

（3）借助网络资源，了解文物，阅读相关故事并进行摘录。

3.绘制博物馆参观路线图。

（1）整合资料，绘制博物馆参观路线图。

示例：

（2）修改初稿，小组合作设计校园文物博物馆参观路线图。

4.展示、总结。

（1）每组代表依次上台展示博物馆参观路线图。

（2）班级投票评选最佳参观路线图。

（3）班级优胜者参加年级评选。

（4）大家谈参加活动的感受。

子任务二：文物进校园

【活动内容】认识文物，画文物或制作文物手抄报。

【活动目标】了解家乡的历史，感受文化底蕴，零距离接触文物，制作文物介绍卡，让文物穿越时光出现在我们面前。

【活动形式】个人独立完成或小组合作完成。

【活动过程】

1. 知文物，充分了解文物的历史底蕴。

（1）再次参观博物馆，选择自己喜欢的文物，仔细阅读相关资料，深入了解文物背后的故事。

（2）上网查找资料，了解文物的外形特点、制作工艺、历史底蕴等。

2. 画文物，制作手抄报。

（1）确定作品形式。

（2）完成初稿。

结合湘教版六年级上册美术第2课"光影变幻"以及教师在课堂上讲授的相关知识，把自己了解到的、最有感触的文物，用线描和素描的方式画出来，并配上文字解说，简要介绍文物的特点及与之相关的故事。手抄报没有固定模板，每个学生自行设计图文的排版、配色。

示例：

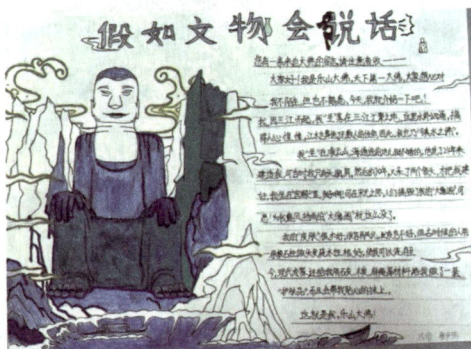 

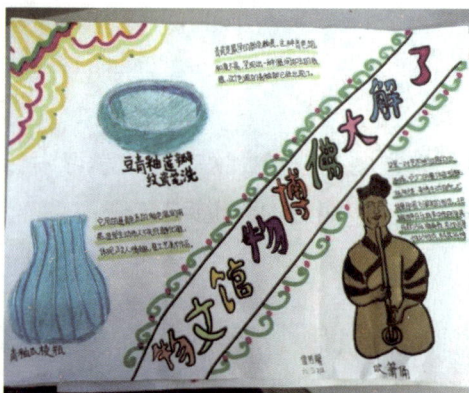

3. 评选优秀作品。

（1）班级设立展览角，展出文物介绍卡和文物手抄报。

（2）班级投票评选最佳作品。

（3）班级优胜者参加年级评选。

4. 布置校园文物博物馆。

（1）划定展览区域。

（2）把优秀作品装订成册，并设计精美封面。

（3）合理陈列作品。

5. 总结。

子任务三：文物宣传周

【活动内容】"假如文物会说话"征文比赛。

【活动目标】以"假如文物会说话"为主题，选择此次项目式学习中让你印象最深的一个文物，穿越时空，写作文《假如文物会说话》。

【活动形式】个人独立完成。

【活动过程】

1. 知识讲解。

（1）通过视频或 PPT 向同学介绍文物的定义和分类。

（2）明确文物的重要性，包括了解历史、传承文化、保护遗产等方面。

2. 文物观察和描述。

（1）结合前期活动中搜集的文物资料，观察文物的外观、材质、形状等特征，并认真记录。

（2）学生两两合作，观看文物图片，互相描述手中的文物，并尝试猜测文物的用途和年代。

3. 完成初稿。

（1）确定文章体裁和写法。

（2）列好作文提纲。

（3）完成作文初稿。

4. 修改草稿，参加征文比赛。

（1）根据习作要求进行修改，让文章更具有吸引力，从而提高语言表达能力。

（2）认真誊写。

（3）以班级为单位，上传作品。

5. 总结。

子任务四：博物馆开放日

【活动内容】在博物馆开放日评选出自己最喜欢的文物，并为它写一则留言。

【活动目标】围绕"我最喜爱的文物"，选择此次项目式学习中印象最深的一个文物，仔细了解文物的特点及其背后的故事，写下自己对文物的真实感受。

【活动形式】集体参加。

【活动过程】

1. 前期准备。

（1）完善校园文物博物馆的作品陈列。

（2）设立校园文物博物馆管理小组。

①评选校园文物博物馆馆长。

②招聘校园文物博物馆讲解员。

③成立校园文物博物馆志愿者联盟，帮助维持博物馆的参观秩序、管理日常参观登记、评选最佳留言等。

（3）制作校园文物博物馆开放日活动海报，准备文物留言条。

2. 博物馆开放日。

（1）有序参观。

在同学的组织下有序参观校园文物博物馆，以"我最喜爱的文物"为主题，寻找此次活动中让你印象最深的一件文物。

（2）聆听讲解。

（3）为文物写留言。

3. 评选最佳留言。

（1）确定评委小组。

由年级语文老师、美术老师和各班学生代表共同组成评委组。

（2）确定评选标准。

①能选出自己最喜欢的文物并说明理由。

②对文物的留言有真情实感。

③至少能说出文物的 2 个特点。

④留言时有良好的书写，卷面美观，字迹干净、工整。

（3）评比、公布。

①发给每位评委三张星星贴纸，让他们将贴纸贴在最佳留言条上。

②统计票数，评选最佳留言。

③在学校张贴栏张贴喜报，公布评选结果。

4.总结。

在校园文物博物馆中，学生欣赏到了珍贵的"文物"，感受到人类历史和文明的多样性，了解了博物馆工作和文物保护的重要性。

六、项目成效

本项目围绕主题"创建校园文物博物馆"，设计了四个相关的子任务，旨在提升学生的语文核心素养。

党和政府高度重视博物馆青少年教育工作，推进中小学生利用博物馆开展学习，带动博物馆资源与课堂教学相结合。此次活动使青少年感受到博物馆的独特魅力，进一步认识中华优秀传统文化的灿烂成就，深刻理解中华优秀传统文化的当代价值和时代意蕴，增强文化自信和文化认同。这是快乐学习的体验，更是对中华优秀传统文化的传承。

在项目式学习中，学生具体的知识和技能被一系列问题结构化、组织化。项目式学习的最终落脚点在于学生通过实践活动解决了现实问题，以提升学科综合素养。

设置驱动性任务，可以很好地培养学生的搜集、整理能力，提升语文综合素养。本项目中，四个任务，四个要求，环环相扣，驱动学生进行综合性学习。

要注重学科整合，提高语文核心素养。本项目实施过程中，学生的学习方式从单一化走向多样化，搜集、处理资料的能力大大提高。通过整合语文、美术等学科，学生自主或合作完成任务，充分体现了其主体地位。

七、项目反思

教师通过课题分析，广泛查阅了项目式学习的相关文献和材料，鼓励学生参与其中。学生在一次次沟通交流中抒发不同看法，学习兴趣、思维能力、探究意识和交际能力得到了一定的提升。语文应来源于生活，应用于生活。本次项目式学习中，教师带领学生因地制宜，通过实地学习，跳出校园，走进家乡实景，把语文教学置于真实的生活情境中，使学生认识了中华优秀传统文化的灿烂成就，深刻地理解了中华优秀传统文化的当代价值和时代意蕴，进一步增强了文化自信和文化认同。

在进行项目式学习设计时，教师首先要明确学习始于兴趣，因此项目的主题要贴近学生生活，从学科课程标准、教学内容和学生已有经验来整体规划，考虑是否涵盖了核心素养，联结了学生身边的实际问题、社会热点事件，要真实、可操作。

在基于核心素养的"创建校园文物博物馆"项目式学习中，学生是积极的探索者，走出校园实地参观，搜集信息，整理资料，进行思考与探究。学生不仅要掌握教师所讲授的知识，还要消化并利用这些知识去解决问题，完成项目，由此发现知识的本质和建构新的意义，这有助于学生进行深度学习。

在项目式学习的过程中，教师注重的不应是最终结果，而应该是完成学习任务的过程，让真实学习自然发生。这也是"双减"政策下优化作业设计的新思路。

四川省乐山市通江小学　余琴、冯婷

为未来而教

学习，无论是对学生还是教师而言，都会包括表层学习、深度学习、迁移运用三个层级，对应的是"知道""理解""做到"三个维度。

从"知道"的层级而言，项目式学习的典型特征是能提供解决现实问题的产品。具体到小学语文学科中，就是以运用语言文字解决问题的作品为表现性成果。这样的作品与项目式学习的提倡者所言的在现实社会中验证效果的产品还有一定的差距，它们大多还是在教学场景中应用，没有放入大的社会背景中，也不能检验是否解决了现实中的问题。毋庸置疑，学生经过项目式学习的过程，解决了一些学习问题，也锻炼了综合的学习能力。这就需要我们既认识到项目式学习的本质，又明确在小学语文学科中开展项目式学习还有一定的局限性。

从"理解"的层级而言，本书选取的项目式学习的设计是老师们在课堂上实践过的，经过了实践应用的检验。每个课例分为项目简介、项目情境任务、学习目标、项目评价、项目实施、项目成效、项目反思七个部分，尽可能全面地展示项目式学习的各个侧面。其中，项目简介主要说明项目的来源和适用范围；项目情境任务具体描述学生在项目中的角色和任务；学习目标按照核心目标和评价指标对应的方式，以知道、理解、做到的层级呈现；项目评价主要评价学习成果和学习能力两个部分，能够体现学习成果和学习行为之间的关系；项目实施呈现项目的总体安排和具体实施过程；项目成效从学生发展的角度进行总结；项目反思从教师设计的角度进行反思。从以上几个部分，大概能够帮助老师们理解项目式学习的设计结构及实施流程。

从"做到"的层级而言，项目式学习需要在课堂中躬身实践。现在是人工智能时代，一个和以往任何时代都不同的全新时代，因为人工智能可以"思考"了，这是对拥有具有思考功能的大脑皮层的人类的巨大挑战。人类一直在思考和忧虑未来，现在我们需要思考人类的未来究竟在哪里。很多老师都认同现在的新名词太多了，不就是翻新了一个花样儿，有个新提法，还不是要按旧做法来。这种言论在过去可能是有道理的，但是，在现在这个时代，可能要警惕这种言论了。我们可能都听说过发达国家或地区三四年级的学生就能写论文，而我们三四年级的学生还在写作文，有的还在背课文，很多学生可能根本不是在学语文。以往只是区域内的竞争，在全球化背景下早已经是世界范围的人才竞争了，人工智能时代又多出与人工智能的竞争。如果还抱持原有的经验，不去拓展新领域、新赛道，不去发挥新动能、新优势，我们的学生就真的会失去宝贵的学习进阶的机会。以往使用电脑，我们是在运用工具，电脑都是在执行人类发出的指令。现在，人工智能可以借助大模型"思考"，并且拥有足够大的数据信息，人类至少需要保持和人工智能并驾齐驱的思考能力，才可以"人机协同"，否则，可能会失去思考与学习的机会。

在这个充满挑战与竞争的全新时代，我们面对的不是做与不做的选择题，而是怎么做的实践难题。人工智能时代的车轮已经轰隆隆地碾压而来，作壁上观已经不可能了。每个人都是时代中的人，我们必须面对日益错综复杂的社会生活，不可能"躲进小楼成一统"。每个时代又是人的时代，事在人为是最好的答案，以开放的胸怀、踏实的作风回应时代，每个人都可能成为时代的英雄。其实，最不能等待的是学生，因为他们要面对未来更为复杂的社会生活环境，如果现在的大人不能为他们的未来作更充分的准备，他们将无法面对。

学生核心素养的形成需要经历综合学习的过程，单元整体学习、项目式学习等无非是一种综合学习的方式，其目的是促进学生知识的结构化。因此，积极地尝试不同类型的综合学习，才有可能尽快探索出有效路径。

我们虽然作了很多努力，对项目式学习的过程做了设计，但是，对学习目标和项目评价的设计还是存在诸多困扰。如何确定一次项目式学习的核心目标？如何细化为可操作、可测量的评价指标？如何评价项目学习过程中学生的学习成果和学习能力？我们对此也作了很多的修改和完善，但是，在表述上仍有不恰当的地方。学习目标和项目评价都是以表格的形式呈现的，没有文字说明，是希望以更简洁的方式表述出来，还请读者在阅读时关注这两个部分。

项目式学习需要本土化的实践，也需要与语文学科深度融合，这需要语文教师共同努力，在实践中尝试，定位学习目标，优化学习过程，为了未来社会，也为了学生的未来。

编　者

2025 年 3 月 25 日